1842.
H.

SUPPLÉMENT
A LA PREMIERE PARTIE
DU
CATALOGUE
DES LIVRES
DE LA BIBLIOTHEQUE
DE FEU M. LE DUC
DE LA VALLIERE.

Dont la vente se fera, sans autre délai, le lundi 12 Janvier 1784, dans la grande salle de l'Hôtel de Bullion, rue Plâtriere.

A PARIS,
Chez Guillaume de Bure fils Aîné, Libraire, quai des Augustins.
M. DCC. LXXXIII.

AVERTISSEMENT.

Voici la traduction fidele d'un article qu'on lit dans le Journal Anglois, intitulé : A New Review; with literary curiosities, and literary intelligence, for february, 1783 by Henry Maty, A. M. Secretary to the Royal Society, and Under Librarian at the British Museum. London, 1783. in 8. page 160.

« L'avis suivant, relatif au Catalogue de M. le
« Duc de la Valliere, m'a été communiqué par
« M. L'Abbé Rive, qui m'autorise a le ren-
« dre public.

« Le Catalogue aura deux parties rédigées par
« deux différents Libraires. Celui des livres les plus
« curieux & les plus rares, par M. De Bure le
« jeune, (il faut lire l'aîné) & celui des livres or-
« dinaires par M. Nyon l'aîné.

« La partie de M. De Bure, qui contiendra
« deux ou trois volumes in 8. devoit être publiée
« dans le mois de Janvier, c'est pourquoi elle ne
« tardera pas à paroître. L'autre sera mise au jour
« dans quelque temps.

« Aussitôt que les deux parties seront publiées,
« M. l'Abbé Rive, qui croit avoir de grands sujets
« de se plaindre des Libraires, se propose de faire
« un Commentaire critique sur chacun de leurs
« Catalogues; cet ouvrage formera plusieurs volu-

« mes in 8. En même temps il me prie d'informer
« le public que, s'il eût fait le Catalogue (comme
« effectivement il sembloit en avoir le droit,
« ayant été le GARDE de la Bibliotheque) il avoit
« intention de l'exécuter sur le plan suivant.

« Il auroit donné un modele de l'écriture de
« chaque manuscrit, & du type de chaque livre
« imprimé, avec le nombre des pages de chacun,
« le nombre des lignes de chaque page, la forme
« des caracteres des livres imprimés & manuscrits,
« & s'ils sont sur une ou sur deux colonnes. Il nous
« auroit dit quels sont les chiffres, les signatures,
« les dates, les noms des Ecrivains & des Impri-
« meurs que chaque livre contient; & dans le cas
« où les livres auroient été sans aucunes de ces
« marques, il auroit copié les deux premieres
« lignes.

« En rendant compte de chaque manuscrit, il
« seroit entré dans des détails sur les manuscrits
« semblables qui existent; & sur chaque livre im-
« primé, il auroit donné une liste des éditions &
« le nombre des exemplaires que l'on a tirés de
« chacune.

« En outre il y auroit eu une critique concise de
« chaque ouvrage qui l'auroit mérité, & un exa-
« men des notices qui en auroient été faites par les
« Savants qui ont écrit sur la Bibliographie & la
« Typographie.

AVERTISSEMENT.

« Cet ouvrage, qui est une continuation de ce
« qui avoit été commencé d'abord, & ensuite
« abandonné par les héritiers de M. le Duc de la
« Valliere, existe; & dans le cas où l'on trouvera
« des Souscripteurs, cet ouvrage sera imprimé.
« En même temps M. L. R. DESIRE QU'ON SACHE
« QUE LA BIBLIOTHEQUE ABONDE EN EXEMPLAIRES
« DE LIVRES IMPARFAITS (achetés suivant l'usage
« ordinaire dans le dessein de faire de deux ou
« trois mauvais exemplaires un bon.) Quoique
« l'on doive s'attendre que les livres seront colla-
« tionnés par les Libraires, il convient que les
« acheteurs y regardent de près.

Nous donnons la traduction de cet avis, afin de prévenir ceux qui l'auront lu, & qui ont le dessein d'acheter des livres à la vente de M. le Duc de la Valliere, de ne pas s'en rapporter, comme cela pourroit arriver, à ce que dit ici M. l'Abbé Rive, peut-être avec de très bonnes intentions, mais avec un zele qui a paru à toutes les personnes judicieuses plus indiscret que réfléchi. Si à cet égard M. l'Abbé Rive paroît avoir porté beaucoup trop loin la délicatesse, il a du moins senti toute la reconnoissance qu'il doit à la mémoire de M. le Duc de la Valliere, pour les dispositions que ce Seigneur a faites en sa faveur avant & après sa mort. Car c'est probablement par un pur effet de cette reconnoissance que ce savant *Bibliognoste* a eu la prudence de ne pas annoncer dans son Prospectus (1) que les figures enluminées qu'il devoit publier, & qui ont paru depuis quelque temps, ont été faites d'après les superbes miniatures des manuscrits de la Bibliotheque de M. le Duc de la Valliere. Le motif de son silence est très louable. M. l'Abbé Rive, dont la science s'étend, comme il le fait entendre modestement, sur tous les objets des connoissances humaines, sait trop bien juger de l'art du dessin & de la peinture, & de toutes les parties qu'il embrasse, pour ne pas sentir le tort irréparable qu'il auroit fait à la valeur des manuscrits précieux dont il a été long-temps le Garde, si l'on eût jugé de la beauté des originaux par les prétendues copies qu'il en a fait faire aux frais des souscripteurs. Il a reconnu, avec sa sagacité ordinaire, combien ces copies étoient informes & s'éloignoient du naturel & de la vérité des originaux; & c'est sûrement dans la crainte qu'on ne crût que les originaux étoient aussi mauvais que les copies qu'il en publioit, que M. l'Abbé Rive n'a pas voulu avouer

---

(1) Prospectus d'un ouvrage proposé par souscription par M. l'Abbé Rive. in 12. 1782.

AVERTISSEMENT.

que ses enluminures étoient faites d'après les belles & précieuses miniatures des manuscrits de M. le Duc de la Valliere. Il faut croire que sans cette crainte, qui malheureusement est trop bien fondée pour ses souscripteurs, il n'auroit pas oublié de se conformer au beau précepte d'un ancien, qui prescrit comme une chose honnête & louable à tous les copistes, imitateurs & compilateurs, de nommer publiquement ceux dont ils empruntent quelque chose. *Est enim benignum & plenum ingenui pudoris, fateri per quos profeceris,* .... On en est d'autant plus étonné que M. l'Abbé Rive n'ait pas suivi rigoureusement ce précepte qu'il le connoissoit, puisqu'il dit dans son Prospectus in 12. page 52 : « Y a-t-il rien de si noble, que de faire « honneur aux autres de ce qu'on tient d'eux ? « *Ingenuum est confiteri per quos profeceris.* Cette « belle maxime d'un des plus célebres Comiques « latins devroit être écrite en lettres d'or dans le « cœur de tous les Ecrivains ». Il est vrai qu'il rapporte ce passage d'une maniere très infidele, & que par une étrange bévue bien difficile à pardonner à un homme qui se croit infaillible, & qui releve avec tant de fiel & d'aigreur les plus légeres fautes, il attribue à un des plus célebres Comiques latins (Poëte par conséquent) ce passage qui ne peut être & n'est en effet que d'un Auteur qui a écrit en prose. M. l'Abbé Rive peut bien dire à cet égard qu'il a fait, comme le Bourgeois Gentilhomme, de la prose sans le savoir.

Quant aux plaintes qu'il prétend avoir à former contre nous, nous y répondrons lorsque nous en connoîtrons le sujet, & qu'il nous paroîtra mériter notre attention. D'après la connoissance que nous avons de la maniere de raisonner de M. l'Abbé Rive, nous n'aurons pas même un grand mérite à réfuter solidement ses objections, qui ne sont la plupart que de simples assertions sans preuves, proposées avec une confiance qu'on auroit à peine si l'on étoit sûr d'avoir trouvé la vérité. En attendant, nous croyons devoir prévenir ici le public, contre les suggestions insidieuses de M. l'Abbé Rive, & déclarer que Madame la Duchesse de Chastillon, seule et unique héritiere de M. le Duc de la Valliere, son pere, m'autorise a dire et a publier « qu'elle n'a « nulle connoissance d'autres Catalogues de la « Bibliotheque, que ceux faits par MM. de Bure « & Nyon (2), & qu'elle désavoue tout autre « qui pourroit paroître.

Les observations de M. l'Abbé Rive au sujet

---

(2) La seconde partie du Catalogue, rédigée par M. Nyon l'aîné, paroîtra dans quelque temps.

des livres imparfaits, tombent d'elles-mêmes fi l'on fe rappelle que nous avons eu l'attention d'annoncer dans notre Catalogue, ainfi que dans ce Supplément, tous ceux que nous avons trouvés ou gâtés ou imparfaits. Mais pour détruire jufqu'au moindre foupçon, & ne laiffer aucune inquiétude à cet égard, on donnera au public, & particulièrement aux acquéreurs, toutes les facilités pour examiner & pour collationner les livres avant & pendant tout le temps de la vente, & l'on reprendra fans aucune difficulté tous ceux qui feront incomplets.

On peut voir auffi, en lifant notre Catalogue, que le plan de M. l'Abbé Rive a été rempli toutes les fois que l'importance ou la rareté des livres que nous décrivions a paru mériter quelques détails. Les nouvelles additions que nous publions feront mieux connoître plufieurs articles qui demandoient de plus amples éclairciffements, & que le peu de temps que nous avons eu ne nous avoit pas d'abord permis de donner.

Au refte, nous ne pouvons qu'applaudir au zele infatigable du docte *Bibliognofte*, M. l'Abbé Rive, qui ne laiffe échapper aucune occafion de faire part à l'Europe de fa profonde érudition & de fes vaftes connoiffances bibliographiques. Nous ne doutons pas même que le public, qui prend,

AVERTISSEMENT.

comme tout le monde sait, un très vif intérêt aux Catalogues & aux Notices de livres, ne reçoive avec autant de plaisir que de reconnoissance le projet piquant, & sur-tout très neuf, de faire un Commentaire critique en plusieurs gros volumes in octavo, sur un simple *Catalogue de livres à vendre.*

Nous venons de nous appercevoir que, pendant l'impression du Catalogue, on a égaré la carte sur laquelle étoit écrit le titre de la PREMIERE ÉDITION de *Apollonii Rhodii Argonauticon libri IV. cum scholiis græcis, Florentiæ,* 1496. in 4. v. f. d. s. tr. & que par conséquent ce livre n'est point indiqué dans le Catalogue. Nous prévenons que cet exemplaire qui est très beau, & que nous avons acheté pour M. le Duc de la Valliere 12 livres sterlings, à la vente de M. le Docteur Askew, faite à Londres en 1775, sera vendu après le N°. 2390.

SUPPLÉMENT

SUPPLÉMENT
A LA PREMIERE PARTIE
DU
CATALOGUE
DES LIVRES
DE LA BIBLIOTHEQUE
DE FEU M. LE DUC
DE LA VALLIERE.

THÉOLOGIE.

128 Les Figures du Vieil Teſtament et du Nouuel.

Edition très précieuſe, parcequ'elle renferme 40 figures en bois, de la grandeur de la page, leſquelles ont été gravées d'après celles du livre en planches de bois, connu ſous le nom de la Bible des Pauvres, ou Hiſtoire de l'Ancien & Nouveau Teſtament. Ces figures imprimées avec le texte,

THÉOLOGIE.

sont accompagnées d'un discours en prose, tiré de la Bible, & imprimé sur deux colonnes, & portent 7 pouces 9 lignes de hauteur, sur 6 pouces 4 lignes de largeur. Le volume contenant 99 feuillets, est terminé par la souscription suivante :

☾ *Cy finist ce present liure Jntitule le regard des deux testamens Jmprimé a Paris pour anthoine verard marchant libraire demourant a paris pres lostel dieu deuant la rue neufue nostre dame a lenseigne saint Jehan leuāgeliste, ou au palais au premier pillier Deuant la chappelle ou len chante la messe de messeigneurs les presidens.*

On voit au bas la marque de Verard, suivie de cette note, écrite en *ancienne bâtarde du XVI siecle* :

Anthoine Verard libraire de paris. A donne ce pnt liure au monastere de Cleruaulx le xx: de mars mil v^c et oze. Priez Dieu por luy.

Cette note peut servir à fixer la date de cette édition.

148 Sensuit le liure de Jhesus.

Cet ouvrage est imprimé dans le grand Compost & Calendrier des Bergers, dont deux éditions sont annoncées sous les N°s 1516 & 1517.

202 Super Mathæi Evangelium Alberti magni notula......

Le volume d'où ce Traité a été tiré, est annoncé au N° 4774. Il finit précisément à la signature L ; il a le même nombre de lignes dans les pages entieres, & est imprimé avec les mêmes caracteres.

228 Sulpitii Severi sacræ historiæ libri duo.

On annonce sur le titre : *rerum & uerborum copiosus Index,*

THÉOLOGIE.

qui manque dans plusieurs exemplaires que nous avons examinés de ce livre. Il est vraisemblable que cet *index* n'a jamais été imprimé.

Le traité sur la Liturgie, extrait de différents Auteurs, qui commence à la page 152, n'est pas proprement un *Appendix* à la Messe latine de *Francowitz*, mais peut lui en tenir lieu.

On apprend dans un Avis au Lecteur les raisons qui ont porté à placer cet Appendix à la fin de l'histoire de Sulpice Sévere.

Quo plenior sit nonnihil hæc Historiola, uolumenq; iustiorem magnitudinem sortiatur, operæ precium duximus, quasdam descriptiones rituum ac formæ religionis huc apponere, quo simplicitas, sinceritasque religionis primitiuæ Ecclesiæ tanto clarius certiusque ab omnibus ueritatis cupidis perspiciatur.

307 Heures de Henri III. &c.

Dans le livre que tient dans ses mains Henri III. représenté sur la couverture de ce livre, les lettres qui ne forment aucuns mots, & dont nous ignorons la signification, sont : INIIMO SAPIR TI IDO.

347 Canones & Decreta Concilii Tridentini.

Cette édition est la premiere. Il y a plusieurs marques qui la distinguent de la seconde qui porte la même date, & qui a été mise au jour par le même Paul Manuce. Nous n'en indiquerons que les suivantes, qui suffiront pour en connoître la différence.

1°. La date de l'originale est marquée ainsi : M. DLXIIII. & celle de la seconde édition porte : MDLXIV.

2°. Dans la premiere édition les pages sont chiffrées en

THÉOLOGIE.

chiffres romains, au lieu que dans la seconde elles le sont en chiffres arabes jusqu'à la page 12.

3°. Il y a sur le titre de la seconde édition: *Editio secunda.*

387 E Magno Basilio: Leon. Aretini traductio.

C'est le traité de S. Basile *de liberalibus studiis*. On peut regarder cette edition comme la premiere.

477 S. Augustini de Doctrina Christiana liber quartus. (*Moguntiæ*, Joann. Fust.)

On trouve une description & un détail très curieux de cette rare édition du quatrieme livre de la Doctrine Chrétienne de S. Augustin, dans les Mémoires de Trévoux, Juin 1765, pag. 1454 — 1473. On y apprend que cette édition est non-seulement précieuse par sa grande antiquité; mais encore par un texte pur & correct qu'elle renferme.

922 Disputa di M. Bern. Ochino.

Ce numéro & les trois suivants se sont dérangés pendant l'impression. Le N°. 924 doit être placé après le N°. 922, & le N°. 925 après le N°. 923; l'un contient l'ouvrage en langue originale, & l'autre la traduction latine.

997 Le Rasoir des Rasez.

Il y a dans le même volume deux autres traités fort rares, sçavoir:

1. Sac pour le Pape de Rome, ses Cardinaux, Evesques, Abbés, Moynes & Maistres de la Sorbonne contre Jesus Christ & ses Apôtres, &c. 1561. in 8.

2. La Polymachie des Marmitons en laquelle est amplement descrite l'ordre que le Pape veut tenir en l'armée qu'il

SCIENCES ET ARTS. 5

veut mettre fus pour l'enlevement de fa Marmite, avec le nombre des capitaines & foldats, qu'il veut armer pour mettre en campagne. *Lyon*, 1562. in 8.

1329 Decor Puellarum. *Venetiis*, 1461. pour 1471.

Trompés par le R. P. Fabricy, nous avons affuré mal-à-propos que ce livre ne devoit contenir que 117 feuillets. Ce favant Dominicain, dans une lettre datée de Rome le 13 Avril 1780, adreffée à M. l'Abbé de S. Léger, & imprimée dans le Journal des Savants de la même année, a relevé à tort M. De Bure le jeune, qui en a annoncé 118 dans fa Bibliographie. Ce livre doit renfermer réellement ce nombre de feuillets M. Girardot de Préfond, cet amateur connu, nous a fait obferver que le feuillet qui manque dans prefque tous les exemplaires, ainfi que dans celui de M. le Duc de la Valliere, eft le neuvieme, commençant par : *auanti la fua*.

1373 Libro che tracta di Mercatantie...

Cette édition a des fignatures qui ne commencent qu'à la lettre *f*.

1383 Tractato divifo in quatro libri....

Il y manque le premier feuillet.

1425 Déclamation contre l'erreur des Maleficiers.

Imparfait de la fignature A.

1510 Rei rufticæ Auctores.

Il y manque au commencement les *enarrationes prifcarum vocum*....

SCIENCES ET ARTS.

1624 Pauli Jovii de Piscibus Marinis liber.

Cet ouvrage est le même que celui qui est annoncé au N° 1628, sous un titre différent.

1707 Regimen Sanitatis.....

Il y manque le premier feuillet.

1728 And. Cæsalpini quæstionum Peripateticar. lib. V.

Cet exemplaire, annoncé dans quelques exemplaires du Catalogue, comme imparfait, ne l'est point ; il est au contraire très beau.

1777 Tripus Aureus.

Imparfait de deux feuillets dans la signature A.

1837 Prophéties de Nostradamus.

Cette édition est l'originale & fort rare ; elle ne contient que quatre centuries.

2001 Cleri totius Romanæ Ecclesiæ subjecti, habitus....

Il manque dans les pieces préliminaires deux feuillets.

2151 Linguarum duodecim alphabetum.

Nous observerons qu'à la suite de cet ouvrage se trouve celui du même Postel, intitulé : *Guilielmi Postelli de originibus, seu de hebraica lingua & gentis antiquitate, liber. Parisiis, Lescuyer. in 4.*

2176 Sexti Pompeii Festi de verborum significatione liber. *Mediolani*, (*Ant. Zarotus.*) 1471.

On n'apperçoit aucunes traces de *Pontuseaux* dans le

papier de cette édition, ainsi que dans celui de presque toutes les éditions sorties des presses de Zarot à Milan; mais on découvre des *Vergeures* qui peuvent servir à connoître les formats des différentes éditions de cet Imprimeur. Ainsi, le *Pompeius Festus* de 1471. le *Juvenal* de 1479, N°. 2525. la *vita di San Francesco* de 1477, N°. 4755. le *Quinte Curce* de 1481, N°. 4839, doivent être regardés comme de format in 4. parceque les vergeures, en sens contraires aux pontuseaux, invisibles dans ce papier, y sont perpendiculaires. De même le *Pomponius Mela* de 1471, N°. 4488, est de format in 8. & non in 4. parceque les vergeures se présentent horizontalement. Le papier de cette édition ressemble presque à du papier-vélin.

Un autre moyen de distinguer l'in fol. d'avec l'in 4. & l'in 8. c'est de faire attention à la marque du papier, qui se trouve au milieu du feuillet dans tout in fol. dans le fond du volume dans tout in 4. & enfin au haut du feuillet dans tout in 8.

2230 Alberti de Eyb Margarita poetica.

Cette édition ne contient que le texte, par conséquent on y a supprimé une partie considérable, intitulée dans d'autres éditions : *Autoritates diversorum oratorum virorum . . . . . quibus omnem nostram epistolandi rationem & dicendi modum corroborare, exornare & maxime amplificare possumus.*

2280 M. Tullii Ciceronis Officiorum libri tres.

Cet exemplaire est très précieux, parcequ'il est celui qui a été présenté à George de Bade, Evêque de Metz, auquel l'édition est dédiée. Ses armes avec crosse d'or, sont peintes dans la miniature. Il portoit d'or, à la bande de gueules, chargée de trois alérions d'argent, qui est aussi Lorraine.

2454 Mauri Servii Honorati commentarius in Bucolica Virgilii incipit.

Le titre que nous avons rapporté n'indique que les commentaires de Servius sur les Bucoliques de Virgile ; mais le volume contient aussi ceux sur les Géorgiques & l'Enéide. Cette édition paroît assez ancienne pour être la premiere ; il faut la placer avant celle de Milan 1475. N° 2435.

2446 Q. Horatii Flacci opera.

Il n'y a dans cette édition ni les Satyres ni les Epîtres d'Horace.

2491 Le grand Olympe.

Otez dans ce titre & le suivant : *de Thom. Vallois... Par Colard Mansion*. Cette traduction est faite sur les Métamorphoses d'Ovide, & ne contient aucune Allégorie.

2539 Domitii Calderini commentarii in Martialem. 1474.

Il y a au commencement du volume sept feuillets qui se trouvent doubles dans cet exemplaire ; ils contiennent une Epître Dédicatoire de Calderin à Jean-François, fils de Louis, Prince de Mantoue, une Dédicace du même à Laurent de Médicis, la vie de Martial, & une seconde Epître de Calderin au même Laurent de Médicis.

2626 Actii Synceri Sannazarii de partu Virginis libri tres.

Manquent la signature A iii, les deux premieres pages de la signature H, & la signature K.

2644 Genethliacum Claudii Doleti.

Cet exemplaire est précieux, parcequ'il contient des additions

BELLES-LETTRES.

tions MSS. faites par l'Auteur lui-même; elles confistent en 19 vers, écrits fur des feuillets féparés.

2652 Sebaftiani Brant ftultifera navis.

Il manque le fol. coté LX qui contient une fig. libre. Cette édition, quoiqu'elle porte la même date que la précédente, eft néanmoins différente.

2674 Humanæ falutis monumenta.

Cet ouvrage eft recommandable par 70 très belles figures gravées en taille-douce, dont il eft enrichi. On voit fur le frontifpice un P & un H. Chrift dit que ces figures paffent pour être de Pierre Hus.

2679 Joannis Reuchlin Sergius.

Il y manque les pag. 3 à 6.

2688 Recueil de différentes pieces.

Il y manque les deux premiers feuillets. Ce recueil a été publié fous le titre de *Capricci*. L'Auteur fe nommoit *Georgio Aglione d'Afti*. Cette édition eft la premiere.

2710 Vie & miracles de la Vierge.

Nous avons collationné ce MS. fur quatre autres MSS. qui contenoient les mêmes miracles, & nous n'en avons trouvé aucun auffi complet. Les miracles y étoient copiés dans un autre ordre. Voici le détail de notre MS. qui doit être regardé comme très précieux, à caufe de la beauté de fon exécution & du nombre des pieces qu'il renferme. Il eft à propos d'avertir qu'une partie des fommaires déja rapportés dans le Catalogue, ayant été copiée d'après la table, quelques-uns différent de ceux qui font écrits en tête de chaque miracle.

BELLES-LETTRES

1. Ci commence la genealogie noſtre dame en roumans. (318 vers.)

> Qui auoir dire paine met
> Folie fait ſil ſentremet.

2. Ci commence la natauite noſtre dame. (1012 vers.)

> En lonneur dieu et en memoire
> De la haute dame de gloire.

3. Ci commence la natauite jheſu chriſt. (1876 vers.)

> Qui uielt oir la verite
> De la ſainte natiuite

4. Ci commence la cainne noſtre ſeigneur. (1078 vers.)

> Seigneur qui dieu amez entendez bonnement
> Ce que diex fiſt pour nous ne fait nous pour parent.

5. Ci commence li regres de la mere jheſu criſt. (370 vers.)

> Mout fu la mors peſme et oſcure
> Et la doleurs peſanz et dure.

L'Auteur de ces cinq pieces n'eſt nommé dans aucun endroit.

Premier livre des Miracles de la Vierge.

Ci commence le prologue ſeur les myracles noſtre dame que gautiers prieus de ui moines de ſaint maart tranſlata.

> A la loenge et a la gloire
> En ramenbrance et en memoire
> De la roine et de la dame
> Cui ie commant mon cors et mame
> A iointes mains ſoir et matin
> Miracles que truis en latin
> Tranſlater uoel en rime et metre
> . . . . .

L'Auteur se nomme vers la fin :
> La mere dieu quj est la lime
> Que tout escure et tout eslime
> Escurer daint et eslimer
> Por ses miracles biau rimer.
> La langue gautier de coinsj
> Qui por samor commence einsj.

Ce Prologue contient 496 vers ; il est suivi de 7 chansons en l'honneur de la Sainte Vierge, dont les premieres strophes sont notées en musique. On trouve ensuite la table des miracles de la premiere partie, qui en contient 35, savoir:

1. Comment theophilus vint a penitance. (2078 vers.)
> Pour chaus esbatre et deporter
> Qui se deportent en porter.

2. Dun archeuesque qui fu a tholete. (2342 vers.)
> Un archeuesque eut a tholete
> Qui mena uie sainte et nete.

. . . . . .

L'Auteur nous apprend dans cette piece qu'il avoit eu un Oncle, Prieur de S. Médard de Soissons :
> Coment ceste auenture auint
> Quand vj de saint maart reuint
>> Ceste pucele glorieuse
>> Ceste pucele precieuse
> Cist clers saphirs cis escharboucles
> Souent me conta vns miens oncles
> Uns grans sires que prieur vj
> Et de saint maart et de vj
> Jl gist a luis saint beneoit
> De dieu soient cil beneoit.

Quelques vers plus bas en parlant d'un Raoul, Abbé à Vi-sur-Aisne; il dit:

BELLES-LETTRES.

> Son nom me dift li abbes miles
> Li plus doz clers que i onques vi.

Cet Abbé Miles qui avoit été de la connoiffance de Gautier de Coinfi, étoit sûrement Miles de Bafoches, Abbé de S. Medard de Soiffons, fils de Gervais, Seigneur de Bafoches. Il mourut l'an 1161.

On trouve plus loin :

> Prent auec toi fainte criftine
> Dont rimoiaj lautran liftoire.

Cette vie de Ste. Chriftine que Gautier dit ici avoir rimée, exifte, & confifte en environ 3970 vers alexandrins.

3. Del enfant a vn gui qui fe creftiena. (142 vers.)

> - A bohorges ce truis lifant
> Dun giy uerrier mefdifant

4. De la taulete en coi lymage de la mere dieu eftoit painte. (92 vers.)

> Un bel myracle nos recite
> Sains Iheromes qui nous efcite
> A la pucele bien amer.

5. De vn prouoire qui toz iors chantoit falue la meffe de noftre dame (92 vers.)

> Un myracle truis dun prouoire
> Qui la puiffant dame de gloire
> Qui nomee eft uirge marie
> Honora moult toute fa uie

5. Dou clerc mort en cui boche on troua la flor. (124 vers.)

> A chartres fu ce truis i clers
> Orgiulleus ueulles et defpers.

M. Racine, fils (Mémoires de l'Académie des Belles-Lettres, tom. 18, pag. 360,) & M. le Grand, (Contes

BELLES-LETTRES. 13

Dévots, .om. 4, pag. 12.) ont donné un extrait de ce miracle.

7. De 1 moigne que noftre dame deliura dou diable. (198 vers.)

>Uns moignes fu dune abeie
>Que madame fainte marie
>Amoit forment de tot fon cuer.

8. Dun clerc grief malade que noftre dame fana. (176 vers.)

>Por pluifeurs cuers plus enflammer
>A noftre dame mielz amer
>Un doz myracle wel retraire.

9. De yne noble fame de rome. (730 vers.)

>Un haut myracle moult piteus
>Doz a oir et deliteuz
>Et qui moult doit pechurs plaire
>Ici apres uos ueil retraire.

10. Dou riche et de la ueue fame. (574 vers.)

>Tuit li myracle noftre dame
>Sont fi piteuz et doz par mame.

11. De labbeeffe que noftre dame deliura de grant angoiffe. (406 vers.)

>Une abbeeffe fu iadis
>Qui la dame de paradys
>Amoit mult fauoureufement.

M. le Grand a donné un extrait de ce Miracle dans fes Contes devots, tom. 4, pag. 18 — 22.

12. De lenfant qui mift lanel ou doit lymage. (194 vers.)

>Tenez fillence bel e gens
>Un myracle qui moult eft gens.

14 BELLES-LETTRES.

Barbasan a publié ce miracle dans l'ouvrage intitulé : *le Castoiement*, pag. 216. M. le Grand l'a extrait dans le tom 4 de ses contes dévots, pag. 24 — 27.

13. Dou iouencel que le dyables rauj mais il ne pot tenir contre nostre dame. (474 vers.)

>Entendez tuit faites sillence
>Ni a si fol que sil en ce
>Que ie dirai bien se remire.

14. Dun moigne en cuj bouche on trouva v. roses nouueles. (68 vers.)

>Un brief myracle moult aoine
>Conter vos ueil dun symple moine.

15. Dou moigne que nostre dame resuscita. (134 vers.)

>Si com mes liures me tesmoigne
>A saint pierre deuant coloigne
>Evt vn moigne cha en arriere.

Miracle extrait par Racine (pag. 360 , tom. 18 des Mém. de l'Acad. des Inscriptions,) & par M. le Grand, (tom. 4. pag. 7 — 11. de ses Contes devots.)

16. De celuj qui se tua par lamonestement dou dyable. (208 vers.)

>Un bel myracle uos ueil dire
>Que son tempoire fist escrire
>Sainz hues abbes de cluigni.

17. Dune nonain qui vaut pecher mais nostre dame len deliura. (224 vers.)

>Mes liures me dit et reuele
>Dune nonain qui fu moult bele.

18. Dun moigne qui ne scoit mie as eures nostre dame. (142 vers.)

BELLES-LETTRES.

En eſcrit truis quen abbeye
Le ſaint ſalueur de pauie.

19. Dou cheualier a cuj uolente fu contee por fait. (286 vers.)

A cialz quj aimment doucement
La mere au haut roi quj ne ment.

20. De la nonain a cuj noſtre dame abreia les ſalus. (254 vers.)

A la loenge de la uirge
Quj dieu porta me ratirge.

21. Dou larron pendu que noſtre dame ſouſtint par deuz iors. (130 vers.)

Jci apres ueil metre en brief
Un bel myracle cort et brief.

Extrait par M. Le Grand, pag. 1 — 3 du tom. 4 de ſes Contes devots.

22. Dou ſoucretain que noſtre dame viſita. (284 vers.)

Si prez de moi vous uolez traire
Ja vous uolrai dire et retraire.

23. De lymage noſtre dame. (250 vers.)

Queque doir eſtes en grant
Oiez un myracle molt grant.

24. De deuz fammes que noſtre dame couuerti. (160 vers.)

Queque talent auez doir
Conter vous ueil por reſioir
Un myracle et vne merveille.

25. De lymage noſtre dame quj ſe deffendi dou quarrel. (216 vers.)

En eſcrit truis que pres dorliens

Un chaftel a ov moult de briens
Fift vne fois la mere au roi

26. Dun abbe qui nagoit en mer. (214 vers.)

Entendez tuit et clerc et laj
Conter vos ueil fans nul delaj

27. De vn euefque de clermont (320 vers.)

Queque uolentez me femont
Dun faint euefque de clermont.

28. Dun efcommenie. (856 vers.)

Un myracle ueil reciter
Quj durement doit efciter.

29. De lorifon noftre dame. (344 vers.)

Porce quoifeufe eft mors a lame
En aucun dit de noftre dame
Aucune fois defpen ma cure.

30. De cele meifme orifon. (318 vers.)

Jl fu vns clers vns damoifiaus
Quj le cuer eut fi plain doifiaus.

31. Dun moigne (318 vers.)

Bon eft que nos le bien dions
Car male collocutions
Blece et corront les bones meurs.

Publié par Barbafan. (Voy. le Caftoiement, pag. 227—246.)

32. De vn cheualier. (366 vers.)

Jl fu ce truis vns cheualiers
Jofnes biaus cointes fors et fiers.

33. Dun moigne quj fu ou fleueue. (628 vers.)

Cele en quj prift humanite

BELLES-LETTRES.

Li puissans roys de verite.

Extrait par M. Racine, pag. 361 du tom. 18 des Mém. de l'Acad. des Belles-Lettres, & M. Legrand, p. 12 & 13. tom. 4 de ses Contes.

34. De la nonain. (560 vers.)

  A la gloire la glorieuse
  Une merueille meruilleuse
  Ancois vous veil encor retraire.

Extrait par M. Racine, pag. 363 — 365. tom. 18 des Mém. de l'Acad. des Inscriptions & par M. Legrand, pag. 58 & 59 du tom. 4 des Contes dévots.

35. Coment sainte leochade fu perdue. (862 vers.)

  Que de memoyre ne dechaie
  Talens me prent que vos retraie
  Une merueille que ie vi
  Queque prieus ere de vi
  Dvne pucele nostre dame

Après le 124e vers il y a un sommaire, conçu en ces termes : Comment li dyable volt tuer le prieur gautier qui faisoit cest liure.

Ce Moine nous raconte qu'étant une nuit endormi à Vi sur Aisne, le diable furieux de ce qu'il s'occupoit à mettre en rime les miracles de la Vierge, voulut le tuer; mais qu'il se déroba de ses griffes, en faisant le signe de la croix. Le diable fâché d'avoir manqué son coup, lui fit dérober quelque temps après par des *mauuaises gens* le corps de Sainte Leocadie & une image de la vierge.

  Faite entaillier lymage auoie
  Et paindre au mielz que ie sauoie
  En lonneur de la glorieuse
  Tant estoit bele et deliteuse.

> Que bien cuidoient moult de gent
> Que toute fuſt dor et dargent.

Cette aventure arriva, dit Gautier, en 1219, année de la mort du bon* Abbes Miles. Il ajoute que ce Prélat avoit été Abbé de quatre Abbayes, ſavoir : de Marchiennes, de Tournai, de S. Remi de Rheims, & enfin de S. Médard, où il fut enterré devant le maître-autel.

Ce Miles étoit Miles de Baſoches, fils de Gervais de Baſoches. Ducheſne, dans ſon Hiſtoire Généalogique de la maiſon de Chaſtillon, pag. 685, dit qu'il eſt nommé avec ſes freres dans un titre de l'an 1161, pour le Prieuré de S. Thibaut, & qu'il fut Abbé de S. Médard de Soiſſons.

Second livre des Miracles de la Vierge.

Ci commence li prologues en la ſeconde partie.

> A ſaint maart ou biau liuraire
> Truis i biau liure dont biau traire
> Vorrai encor bele matere
> Et biaus mos de la bele mere.

Ce Prologue du ſecond livre contient 410 vers; il eſt ſuivi de 7 chanſons à l'honneur de la Sainte Vierge. Les premieres ſtrophes en ſont notées ſur une portée de 4 lignes. On y trouve le commencement d'une 8e Chanſon, dont la fin manque par le défaut d'un feuillet qui contenoit auſſi les 34 premiers vers d'un Conte qui ſe trouve dans le MS. N° 2715 C.[28] de ce Catalogue, avec le ſommaire ſuivant : De lanperiz de rome qui fu chacié de rome pour ſon ſerorge.

Il commence ainſi :

> Nus laiges dit et fet ſauoir
> Li tres bons liures de ſauoir.

Ce Conte contient 3762 vers, y compris le 34 qui man-

BELLES-LETTRES.

quent; il a été extrait par M. Legrand dans le tome 4 de ses Contes dévots, pag. 115 — 119.

2. Des nonains de noftre dame de foiffons. (72 vers.)

>Jci me prent ici maard
>Grant volente par faint maard
>Que mes dames qui moult ai chieres
>As damoyfeles as cloiftrieres
>De noftre dame de foiffons
>Envoy vn mes de tes poiffons.

Il envoie plus loin fon livre aux Religieufes de notre Dame de Soiffons.

>Entendez la page prefente
>Que vos tramet que vos prefente
>Li prieur de ui danz gautiers.

Cette piece fe trouve dans le MS. N° 2715 C¹⁹, mais la fuivante y eft réunie.

3. De la chaftee as nonains. (1034 vers.)

>Vous damoyfeles et vous dames
>Qui de cuer et de cors et dames
>Au roy dou ciel eftes donnees.

Cette piece roule fur les devoirs & la conduite des Religieufes; elle eft adreffée aux Religieufes de Notre-Dame de Soiffons.

4. De faint bafile. (768 vers.)

>Un myracle trop meruilleuz
>Qui les princes trop orgilleuz
>Poindre doit on et efciter.

5. Comment noftre dame deffendi la cite de conftantinoble. (236 vers.)

>Av tanz que de la cite noble
>Qui nomee eft conftantinoble.

6. De lenfant refufcite qui chantoit gaude maria. (680 vers.)

  Sainte efcriture noz efclaire
  Con doit courir et con doit taire
  Les fecrez le roy et celer.

7. Comment li horsfeures fu renluminez. (54 vers.)

  Affez fauez quaffez loon
  La bele eglyfe de loon.

8. Des marcheans qui offrirent a noftre dame deniers et puis li tolrent. (162 vers.)

  Li clerc qui la fiertre portoient
  Quj fage et bien letre eftoient.

9. Comment la fiertre fu boutee hors de leglife. (162 vers.)

  Maiftres buelars et li chanoingne
  Quj net clerc erent et aoinne.

10. Comment li mouftiers et toute la vile fu arfe par un dragon. (658 vers)

  Or entendez quen ce fuel
  Or en auant uenir vos ueil.

11. De ij freres perron et eftene. (446 vers.)

  Qui bons liuraires uielt cherchier
  Et les bons liures reuerchier.

12. Dun uilain. (474 vers.)

  Conter vos ueil fanz nul delai
  Vn myracle dun home laj.

13. Dou cierge qui defcendi av jougleour. (320 vers.)

  La douce mere au creator
  A leglyfe a roche amator
  Fait tanz myracles tanz hauz fais
  Que vns grans liures en eft fais
  Pluifeurs foies leu laj.

BELLES-LETTRES.

14. Les miracles noſtre dame de ſoiſſons. (240 vers.)

> Se diex mait huj et demain
> Tanz myracles me uient a main
> En vn grant liute ov ie les puis
> Que ie ne ſai ne ie ne puis
> Les plus plaiſanz choiſir neslire
> Quant a la fois repreng a lire
> Cialz quarriere ai entrelaiſſiez
> Et les meilleurs et les plus bialz
> Or vos reueil conter de cialz
> Quentrelaiſſiez arriere auoie.

Après le 24e vers on lit : del enfant que noſtre dame gari dou feu denfer.

15. Item dou ſoller. (300 vers.)

> Jci apres weil remoller
> Un myracle dou ſaint ſoller.

16. De gondree comment noſtre dame li rendi ſon nez. (538 vers.)

> Ancois que fors dou liure iſſonz
> Des myracles qui aſſoiſſons
> Avinrent ſi grans et ſi haut
> Av tanz labbeeſſe mahaut.

Ce miracle eſt traduit d'Hugues Farſi. Voy. Hiſt. de Notre-Dame de Soiſſons, p. 484. Miracle VII.

17. Comment noſtre dame rendi i homme le piet. (434 vers.)

> Qui vielt oir vers moi ſe traie
> Talenz me prent quencor retraie
> De la ſoutil phiſicienne
> De la ſage cyrurgienne
> De ſoiſſonz vne bele cure.

22 BELLES-LETTRES.

18. Dune fame qui fu deliure a loon dou fev. (736 vers.)

    Cele qui est de tel maniere
    Qui de toz bienz faire est maniere.

19. Dune fame qui fu Garie arras. (594 vers.)

    Mes liures dit conte et narrat
    Quen la riche cite darrat
    Ot iadis vne meschinete.

20. Comment nostre dame sauua i home ov fons de la mer. (434 vers.)

    Qui uielt oir qui vielt entendre
    En quel maniere seit deffendre
    La mere dieu tous cialz qui laiment.

21. Dun clerc. (746 vers.)

    Tous qui amez de cuer entier
    La fleur de lis et daiglentier

22. De lymage nostre dame de sardane. (748 vers.)

    A la loenge de la dame
    De lesmeraude de la gemme.

23. De i moigne de chartouse. (134 vers.)

    Jl fu vns moignes de chartouse
    Quj la uirge la dieu espouse
    Si com ie truis tant porama.

24. Le myracle qui deffendi les samedis nostre dame. (276 vers.)

    A bissance la cite noble
    Qui dite est or constantinoble.

Après les 276 vers on lit : *explicit liber secundus*. On trouve ensuite 188 vers qui commencent ainsi :

    Quj ces myracles a leus
    Bien est chetis et durfeus.

BELLES-LETTRES. 23

L'auteur parlant à son livre, lui dit d'aller saluer de sa part différentes personnes de Noyon, & ajoute :

>   Quar saluer pas ne moublies
>   Mes ij especiaus amies
>   Mes ij contesses mes ij dames
>   Desquelles daint metre les ames
>   An paradys li roys des roys
>   Lune est la contesse de blois
>   Et lautre est cele de soissons.

Gautier de Coinsi a déja dit dans le préambule en 24 vers, intitulé : 14. *les miracles de Nostre Dame de Soissons*, lequel précede le miracle *de l'enfant que nostre dame gari dou feu denfer*, que ce fut à la priere d'Ades, Comtesse de Soissons, qu'il mit en rime les miracles de la Vierge de Notre Dame de Soissons

>   Que la comtesse ade men prie
>   De soissonz qui moult est mamie.

Voy. le 15e vers & suiv.

Cette Ades de Soissons est Ades de Grandpré, à laquelle Raoul, Comte de Soissons se remaria en troisiemes nôces; elle vivoit encore l'an 1240.

La Comtesse de Blois dont il est aussi question, est vraisemblablement Marie d'Avesnes, femme d'Hugues de Chastillon, morte l'an 1241. Ils avoient fondé l'Abbaye de N. D. du Pont.

Outre les miracles dont nous venons de donner le détail, ce MS. contient encore les pieces suivantes :

1. De la misere domme et de fame et de la doutance quon doit auoir de morir. (2172 vers.)

>   Gautiers qui est de cors et dame
>   Sers a toz les sers nostre dame

24 BELLES-LETTRES.

> Ceft liure ou a mife fentente
> A toz cialz enuoie et prefente
> Quj en cuer ont et en memoyre
> La douce dame au roy de gloyre.

2. Ci commence li prologues des falus noftre dame. (64 vers.)

> A la fin de ceft liure ou iai pene ior maint
> Saluer weil la dame ou toute douceur maint
> A fa douceur depri doucement qui tant maint
> Que bone fin me doint et que mame ov ciel maint.

Cette piece eft annoncée comme d'Hernaus dans le Catalogue ; c'eft une erreur ; il n'eft Auteur que de la piece fur l'Affomption de la Vierge.

3. Ci commencent li falu noftre dame. (1200 vers.)

> Ave dame de gloire aue dames des angeles
> Ave qui couronnee fiez de feur les archangeles.

A la fin :

> Qui pour nous donner uie en la crois defina
> Ci fine ton falu tes priens de vi a.

Suit une Chanfon en 46 vers.
On trouve auffi cette piece dans le MS. N° 2715[29].

4. Ci commence lafomptions noftre dame.

> La mere jefu crift la dame glorieufe
> De la mort de fon fil eftoit moult dolereufe

On trouve dans le 16e vers avant la fin le nom de l'Auteur.

> Je ai a non hernaus enfi mapeleon
> Je pri ma douce dame quentendez ma raifon
> Preftres fuj ordenez et tes fers et tes hom.

Cette

BELLES-LETTRES.

Cette piece contient les 532 derniers vers du Roman de Sapience, annoncé aux Nos 2714[1] & 2730[2].

5. Jci commence li prologues sus lepistre saint iherome de la garde de virginite. Laquele il enuoia à Eustochium la fille sainte paule. (88 vers.)

> Qui auques prent et riens ne donne
> Il deshonneure sa personne.

L'Epitre de S. Jérôme qui contient 3308 vers, commence ainsi :

> Oi fille et voi et si encline
> Torcille et enten ma doctrine.

Nous ignorons l'Auteur de cette derniere piece.

2724 Le Roman de Karles le cauue.

Ce Roman ne contient rien d'historique ; il est fort rare ; & peut avoir été composé dans le XIII siecle. Il y est fait mention des XII Pairs de France, dont on fixe l'institution sous Louis le jeune.

Héros & principaux personnages du Roman de Charles le Chauve.

1. Melsiaus, Roi de Hongrie. Il envahit le royaume de France, se convertit à la religion chrétienne, se fait sacrer à Reims par l'Archévêque de cette ville, en présence des douze Pairs de France, & prend le nom de Charles le Chauve.
2. Marguerite de Berti, femme de Charles le Chauve.
3. Philippe & Charles, leurs enfants.
4. Goubert de Lozanne, un des douze Pairs de France, & principal Conseiller de Charles le Chauve.
5. Butor Sire de Salernie, cousin-germain de Goubert de Lozanne.

6. Dorame, fille d'Hilaire, Roi de Montluisant, femme de Philippe, fils de Charles le Chauve.
7. Merengier, géant qui défole les Etats du Roi Hilaire, & duquel Philippe le délivre.
8. Dieu-Donné, fils de Philippe & de Dorame.
9. Guillaume d'Esturgon, pere de Supplante, femme de Dieu-Donné.
10. Dagobert, fils de Dieu-Donné & de Supplante, devient Roi de France, après la mort de Charles le Chauve.
11. La Fée Gloriande, protectrice de Dieu-Donné.

2729³ Le Roman d'Ogier le Danois.

Ayant eu en mains deux différents Romans en vers d'Ogier le Danois, nous pouvons déterminer maintenant quel est l'Auteur de celui de ce Catalogue ; ce n'est point le Roi Adenès, comme nous l'avons foupçonné d'abord ; mais Raymbert de Paris, dont le Roman antérieur à celui d'Adenès est beaucoup plus confidérable ; il nous en manque au moins la moitié. Ce Roman est excessivement rare.

2735 Le Roman d'Aymeri de Narbonne.

On peut confulter au fujet de ce Roman l'Histoire générale de Languedoc, par Dom Claude Devic & Dom Vaiffete, tom. 1, p. 702. La Généalogie de Guillaume au Court Nez, que nous trouvons dans le cours de ce Roman, est entièrement fabuleufe ; la voici :

Aimeri de Beaulande y est fait Duc de Narbonne par Charlemagne, après la conquete de cette Ville fur les Sarrafins. Il eut pour pere Ernaut de Narbonne.

Ermeniart, fille de Defyer Roi de Pavie, femme d'Aimeri; elle eut pour frere Boniface, Roi de Pavie.

BELLES-LETTRES.

Enfants d'Aimeri & d'Ermeniart.

1. Dant Bernard de Brabant qui eut le *Palazin Bertrant*.
2. Guillaume au Court Nez. Il reçoit le surnom de Court Nez, dans la troisieme division de notre Roman, en combattant le Roi Galafre, aux environs de Rome. Il perdit dans le combat le bout de son Nez. Il épousa Orande Sarrazine, qui se fit baptiser sous le nom de Guibourt.
3. Guerin d'Ansseune, pere de Vivien.
4. Ernaut de Gironde.
5. Beunon de Commarchis, qui eut Girard & Guy.
6. Aymer le chetif.
7. Guybelin.

Aimeri eut quatre filles; l'ainée fut mariée à Droes de Mondidier. Ils eurent Gaudin, Richer, Samson & Angelier.

La seconde épousa Raoul du Mans qui eut Anquelin le Normant.

La troisieme fut donnée à Huon de Florinville, qui eut Fouques de Candie, lequel eut pour femme Sedille, fille de Tibaut, Roi d'Esclavonnie.

La quatrieme nommée Flancheflor, se maria à Louis le Débonnaire, Roi de France.

Tous ces enfants d'Aimeri de Narbonne & d'Ermeniart sont les principaux Héros du Roman contenu dans notre MS.

2738[16] Ici commance la Conception Nostre Dame.

C'est plutôt Gace, Auteur du Roman en vers de Roü ou de Rolon & des Normands, que Gace Brulés, Chansonnier du XIII siecle, qui est Auteur de cette piece, peut être la premiere qui ait été composée en vers françois, sur l'Immaculée Conception de la Vierge. Ce Gace étoit natif de l'Isle de Gersay, & fut élevé à Caen en Normandie.

C'est une question de savoir si Gace, ou Wace, suivant d'autres MSS. est le même que Wistace, Huistace, Eustace ou Eustache, un des Auteurs du Roman d'Alexandre, ainsi que d'un autre Roman des Rois d'Angleterre, connu sous le nom *du Brut*, qu'il composa en vers en 1155. tandis que dans quelques MSS. de ce dernier Roman il est appellé Eustache, nous en connoissons d'autres où il est expressément nommé Maître *Gasse*.

> Maistre gasse la translate
> Qui en conte la vérité
>
> . . . . .
>
> Mil et cent cinquante cinq ans
> Fist maistre gasse cest romans
>
> . . . . .

Peut-être n'est-ce ici qu'une erreur de copiste, ou bien l'un des deux noms a été corrompu. Ce qui est certain, c'est que Gace dans son Roman de Rou, assure qu'il en a composé plusieurs autres.

> A caen longues conuersay
> De romans faire mentremis
> Moult en escris et moult en fis.

2762 Le Roman des trois pelerinages de l'homme.

Ce volume ne renferme que le premier songe qui est intitulé : *le pelerinage de l'homme durant qu'il est en vie*. Les deux autres manquent, ainsi que dans beaucoup d'autres exemplaires On ignore si Verard les a imprimés ; ils sont cependant indiqués au commencement du texte.

2774 Satyre contre le Mariage. = Apologie du Mariage.

On trouve dans les derniers vers du second traité le nom de celui qui l'a mis en rime.

BELLES-LETTRES. 29

Merci merci au poure *Feure*
Qui plus grant soef seuffre a laleure
Que not le riche homme en enfer
Car il ne seet ouurer en fer
Mais en peaulx est toute sa cure
Pour vous a fait ceste escripture
Estez solas joye et repos
A tant fineray mon propos
Jusques a tant que plus saige viengne
Qui ceste matiere soustiengne
Si croy que jamais finee
Ne sera ne determinee
Car venal est lamour du monde
En auarice est trop profonde
Plus en diray a lautre foys
A dieu vous commant je men voys.

On a supprimé ces 16 derniers vers dans les éditions de Trepperel & de Philippe Le Noir, Nos 2776 & 2777[1]. & on y a substitué 18 autres, où il n'est point question de l'Auteur. On a ajouté dans l'édition de Trepperel un prologue de 266 vers, & dans celle de Philippe Le Noir un autre tout différent, qui ne consiste qu'en 94 vers.

2786 Ovide Metamorfoseos.

Cette traduction en vers des Métamorphoses d'Ovide, moralisées, ayant été faite sur l'ouvrage en prose latine de Thomas Vallois, ne peut être, comme nous l'avons conjecturé d'abord, la même que celle qui est annoncée en ces termes dans le Prologue de cet Auteur, traduit par Colard Mansion.

On m'a dit que ces fables ont esté par'ci-devant exposéez et faictes, à l'instance et commandement de Dame Jehanne jadis Royne de France, en la Ville de Rouen en Normendye, mais certes onques ne vindrent à ma vue dont il me poise....

Cette *Jehanne, Reine de France* est très certainement *Jeanne*, fille de Robert II, Duc de Bourgogne; elle épousa Philippe de Valois en 1313, & mourut en 1348. On a plusieurs anciennes traductions françoises, faites par ordre de cette Reine, qui honora beaucoup les Lettres.

2788 Recueil de poésies du Duc d'Orléans.

Ce Recueil qui n'est pas si considérable que celui de la Bibliotheque du Roi, mais qui renferme plusieurs pieces qui y manquent, consiste en 12 Complaintes, 136 Balades, 436 Rondels & Chansons, 4 Caroles, dont une en latin, une piece sur la Conception, en 17 stances de 8 vers chacune, une Balade en anglois, 6 rondels en anglois, & 2 Chansons en anglois. Les différents Auteurs dont on trouve des vers dans ce Recueil, sont les suivants:

Vaillant, 1 Balade 2 Rondels.
Jean Caillau, 2 Bal. 4 Rond.
Jean-Jacques bâtard de la Tremouille, 1 Bal. 1 Rond.
Bertault Villebresme, 1 Bal. 2 Rond.
Gilles des Ourmes, 1 Bal. 5 Rond.
Simonet Caillau, 1 Bal. 4 Rond.
Fredet, 2 Complaintes, 2 Chansons, 5 Rond.
Garenzieres, 1 Bal.
Philippe le Bon, Duc de Bourgogne, 2 Bal.
Charles I, Comte de Clermont, dans la suite Duc de Bourbon, 1 Chanson, 9 Rond.
Fraigne, 1 Ch. 3 Rond.
Le Comte de Nevers, 2 Rond.
Jean, Roi de Sicile, 8 rond.

BELLES-LETTRES. 31

Jean, Duc d'Alençon, 1 Rond.
Olivier de la Marche, 2 Rond.
La Duchesse d'Orléans, 2 Rond.
Le sieur de Torsy, 1 Rond.
George Chastelain, 1 Rond.
Le Meingre de Boucicault, 2 Rond.
Guy Pot, 2 Rond.
Philippe Pot, 1 Rond.
Antoine de Lussay, 1 Rond.
Hugues le Voys, 3 Rond.
Philippe de Boulainvilliers, 1 Rond.
Benoît Damien, 8 Rond.
Tignonville, 2 Rond.
Danchie, 1 Rond.
Blosseville, 1 Rond.
Antoine de Cuise, 3 Rond.
Faret, 1 Rond.
Le Grand Sénéchal, 3 Rond.

M. de La Borde a publié, dans son savant ouvrage sur la Musique ancienne & moderne, plusieurs pieces de ces Auteurs, accompagnées de recherches historiques.

On lira sans doute avec plaisir le Rondel suivant du Duc d'Orléans, dont personne n'a encore fait connoître les vers anglois.

> Go forth myn hert wyth my lady
> Loke that ye spar no besynes
> To serue hyr wyth seche lowlynes
> That ze get hyr grace and mercy.
>
> Pray her of tymes pryvely
> That sche quippe trewly hyr promes.
>   Go forth &c.
> I Most as hertles body

Abyde alone in heuynes
And ze fchal dowel wyth your maiftres
In plefans glad and mery
 Go forth &c.

2811 Le Roman de très douce Merci...

L'Ecrivain s'eft trompé dans ce MS. en attribuant à Charles V. Roi de France, des vers que René place au deffous du blafon de Charles, Duc d'Orléans, fils de Louis, Duc d'Orléans, & de Valentine de Milan, blafon qui eft écartelé de France & de Milan, au lambel de 3 pendants d'argent, & que Cœur d'Amour voit dans l'Ifle d'Amour, cloué contre la voûte du Portail de l'Eglife. Voici ces vers avec leur fommaire :

Telles font les armes de Charles Quint, roy de france, et les vers qui foubz eftoient efcripz difoient ainfi.

 Ie charles quint de france roy vertueux et faige
 Fu filz du filz nomme loys par droit vfaige
 Quen fon temps pour fa part tint vraiement leritaige
 Dorleans la duchie. voire en apafnaige
 Apres lay poffedee puis par mon hault couraige
 Tins pie coy en bataille dont fouffry maint dommaige
 Car prins fuz des anglois et mene en feruaige
 Et tant y demouray quen aprins le langaige
 Par lequel fus acoint de dame bele et faige
 Et delle fi efpris qua amours fis hommaige
 Dont maints beaux dictz dictie bien penfez dauantaige
 Say mis mon blazon cy cloue en cefte eftaige

Ces vers qui ne fe trouvent pas dans tous les MSS. de ce Roman, n'ont pas befoin d'explication. Perfonne n'ignore que Charles, Duc d'Orléans, fut fait prifonnier à la bataille d'Azincourt, & emmené en Angleterre, où il refta 25 ans,

&

& qu'il y charma les ennuis de fa captivité, en apprenant la langue du pays, & en compofant des vers françois & anglois, qu'il adreffoit à fes proches & fes amis.

2843 Le Chevalier Genin. (mot qui fignifioit Cocu.)

Ce Fabliau fe trouve dans un MS. du Roi, N° 7218, fous le titre du Chevalier à la Robe Vermeille. L'écriture de ce MS. eft du XIII fiecle. Le langage dans notre copie a été entièrement changé fur la fin du XV fiecle, ce qui donne l'explication de quelques tirades de ce Conte, qu'on a peine à entendre dans l'ancienne verfion, qui a été publiée par Barbazan dans le tome 2, pag. 168 — 184 de fes Fabliaux & Contes. On en trouve un extrait dans le tome 2, p. 87 — 94 des Fabliaux ou Contes du XII & du XIII fiecle, par M. le Grand, ainfi que dans le MS. annoncé fous le N° 2700. Ce dernier extrait a été fait d'après le MS. du Roi N° 7615.

2887 Le Pélerin de paix.

La précipitation avec laquelle nous avions lu d'abord cette petite piece, nous l'avoit fait juger de l'an 1491. Les paffages fuivants que nous en allons extraire, prouveront au contraire qu'elle eft d'environ l'an 1533.

L'Auteur fait d'abord une fortie contre le Pape Clément VII.

  Car cil qui deuft meêtre toute fa cure
  A la nourrir (*la paix*) entre les roys procure
  Noyfe et difcord . . . . .
  Luy qui deuroit eftre doulx et clement
  Son faict lacufe et fon nom le dement
  Car il court fus comme a fes ennemys
  A ceulx qui lont en fon fiege remys

E

Luy qui ne deuſt eſtre vindicatif
A ſoy venger eſt ſoudain et hatif
Que bien mouſtra par rigueur trop amere
Quant ne voullut pardonner a ſa mere
Que paix ſoit donc auec luy je le nye
Car noiſe et Paix ne ſe font compaignie
Mais elle regne en joyes et delitz
Entre la roſe et les troys fleurs de lis
Triumphamment la eſt entretenue

Il parle enſuite de l'entrevue de François I. & de Henri VIII, Roi d'Angleterre, à Calais, l'an 1532, & fait l'éloge de ces deux Monarques.

Pour lhonnorer tous deux ſont conuenuz
Pres le palais du grant occéanus....
Ce ſont deux roys de haulte renommee
Dont ne ſera la gloire exterminee
Tant que le ciel ſera orne deſtoilles....
Jlz ſont eulx deulx dune meſme ſtature
Parfaicte en tout et croy que print nature
Pour former lun de lautre le pourtraict
Car jl ny a que redire vng ſeul traict
Sy leurs corps ſont ſemblables en beaulte
Leurs cueurs ſont telz en toute leaulte....
Et na omis en ceſte parite
Nature en riens quen la poſterite
Car lun a troys enffans par excellence
Beaulx et parfaictz en meurs et corpulence
Mais elle veult ſans ſy les comparer
Et ce deffault en lautre reparer
En le faiſant ſemblable de lignee
En peu de temps car le dieu hymenee
Luy liurera pour vraye eſpouſe et femme

BELLES-LETTRES.

En son pays vne excellente dame
Qui le fera de troys nobles filz pere (*prédiction fausse*).
. . . .
Ceste epouse est la noble princesse anne
En leaulte la seconde susanne
Que si phebus minerua ou lucresse
Soit de sauoir de beaulte de sagesse
Contre elle auoient pour le loz entrepris
Jlz y perdroient la victoire et le pris
Tousiours sera a la france propice
Qui en ses ans premiers fut sa nourrice
Princes angloys par ceste anne opportune
Auez trouue vostre bonne fortune . . . .

C'est d'Anne Boulen dont il est question dans cette tirade; elle étoit restée en France, lorsque Marie, sœur de Henri VIII, Roi d'Angleterre, après la mort de Louis XII, repassa en Angleterre. Elle s'attacha à Claude, Reine de France, & en l'an 1524 à la Duchesse d'Alençon. On ignore l'année où elle retourna en Angleterre ; les uns disent en 1525, d'autres en 1526 ou 1527.

2976 Recueil de Poésies.

Contenant :

1. Ensuit par ordre le nombre des roys crestiens Et leurs cris darmes portant chacun sa clause. (18 strophes de 8 vers chacune,)

L'Empereur d'Allemagne.

Cest le tres puissant empereur.

2. Rondeau.

Contentez vous vous tous nobles de france.

3. Jcy commence vng mistere la ou france se represente en forme dung personnage au Roy charles vije de ce nom

pour le glorifier es graces que dieu a faictes pour luy et quil a recues a sa cause durant son regne Et parlent ensemble par dialogue.

France au Roi.

Roy excellent roy dimmortel memore.

C'est un Dialogue entre plusieurs Seigneurs, consistant en 60 Strophes de 8 vers chacune.

4. Ensuit vng petit traictie compille par maistre Jean trotier en equiuoques lors qu'il y eut diuision entre le Roy et aultres du sang tenans le party monssgr Dorleans pour Jnciter tous ceulx du sang a paix et seruice faire honneur foy et reuerence porter au Roy tres cristien. (166 vers.)

En vng hault mont pour moy fort a monter.

5. Ensuit vng petit traicte fait par molinet. (28 str. de 8 vers.)

Princes puissans qui du monde vniuers.

6. Ensuiuent les epitaffes fais a Rouen du feu Roy loys par maistre pierre fabri. (Il y en a six.)

Ou temps que lors le filz de yperion.

6* Ensuit vng petit traicte faict par deca Touchant le temps de maintenant.

Au fons dung puys estant lauttrier plonge.

7. Certaines clauses faictes a la louange de la vierge marie par vng amand et seruiteur dicelle. (18 str. de 11 vers chacune.)

Tout apert moy de paour quon ne me voye.

8. Le passe temps du prieur de busy et son frere le cordelier parlant chacun en quattre lignes.

Mon frere or soions contens.

Ils parlent en tout 78 fois alternatiuement en 4 vers.

BELLES-LETTRES. 37

9. Enfuit le mireur des moines. (13 ftrop. de 8 vers.)

>   Retirez vous noirs emplumes
>   Qui auez fait a dieu les yeuz.

10. La bataille fpirituelle.

>   Lan mil vcc et xiij deceda
>   Julius pappe et leon fucceda
>   Regnant en france en triumphant renom
>   Le roy louys xij^e de ce nom
>   Et audit an fut faicte cefte hiftoire
>   Que bon vouloir mift en fon jnuentoire.

11. Rondeau jncitant les bergers a eftre vertueux.

>   *Gentilz bergers* qui efperes victoire.

12. Lacteur contemplatif. (33 ftr. de 13 vers.)

>   Dedens le parc de la france bergere.

13. Le credo nouuellement compofe. (41 ftroph. de 4 vers.)

>   Freres et compaignons deglife.

14. Enfuit la table de falomon. (piece qui occupe 13 feuil.)

>   Salomon fi eut vng enfant.

15. Enfuit la defcription du beau chafteau damboife compofe par maiftre Jehan trotier. (33 ftr. de 4 vers.)

>   On ne fcauroit veoir pour ce jour.

16. Chant royal de 5 ftroph. de 12 vers, envoi de 5. Refrain.

>   Ou auiourdhui pour ce donne ten garde.

17. Quatrain.

>   Mort eft jesus tout meurt er tout mourra.

18. Rondeau.

>   De mort de jugement.

19. Ballade (de 3 ftroph. de 9 vers , envoi de 4.) refrain.

>   Et fi ne puis ne garir ne mourir.

38 BELLES-LETTRES.

20. huit strophes de 8 vers sur la mort.

    Sans espargner pappe ne empereur.

21. Maistre francoys villon. (ballade de 3 str. de 10 vers, envoi de 5.)

    Mais priez dieu que tous nous vueille assouldre.

22. Balade. (3 str. de 10 vers, envoi de 4.) refrain,

    Et si nemmende point ma vie.

23. Balade. (3 str. de 10 vers, envoi de 4.) refrain,

    Pour me liurer sans fin de mort a mort.

24. Balade. (3 str. de 10 vers, envoi de 4.) refrain,

    En meditant les quattre nouissimes.

25. Ensuit vng beau petit traicte des iiij nouissimes faict et compose par venerable et religieuse personne-frere bigot celestin natif de Rouen.

    En ce liuret cy est touche
    De la malice de peche
    De la mort et du jugement
    La joie des cieiz et denfer le tourment.

Ce préambule est de 12 vers. Le texte contenant 67 str. de 9 vers, commence ainsi :

    Assez est sceu que peche jadis.

26. Rondeau.

    A la mort adam nous liura.

27. Remors de mort. (8 str. de 8 vers, envoi de 4.)

    Arrestez vous qui deuant nous passez.

28. Balade de maistre jehan trotier. (3 str. de 8 vers, envoi de 4.)

    Remors de mort retarde joie.

29. Balade. (3 str. de 8 vers, envoi de 4. refrain,)

    En lhermitage de soucy.

BELLES-LETTRES.

30. Balade. (3 ftr. de 9 vers, envoi de 5.) refrain.

 Par auoir peine et grande diligence.

31. Rondeau.

 Onques depuys lheure que je fu ne

32. Balade. (3 ftr. de 8 vers, envoi de 4.) refrain.

 Loft eft deffait qui aultry veult deffaire.

33. Les jmperfections dhumaine condition. (12 ftroph. de 4 vers.)

 Je fuis affez vif et abille.

34. De inceptione ordinum.

Contient les années où furent inftitués les différents ordres monaftiques & réguliers.

35. Cretin a moulinet. (huitain.)

 Moulinet fans bruit ne fans nom.

36. Refponce de moulinet. (2 ftr. de 8 vers.)

 Haulfez les deux piedz de derriere
 Se merde en vient tirez arriere
 Cretin de joncz dofier ou de feftu.

37. Quelques vers latins.

38. Ad laudem mulierum. (14 vers.)

 Femmes font doulces non rebelles....

39. Quatorze vers latins fur les 7 vertus.

40. Louenge a noftre dame en la quelle le furnom de lacteur eft triplement efcrit par tefte au milieu et en la fin. (6 vers.)

 Cour noble et franc benoift lis blanc.

Le nom de l'Auteur eft Caftel.

41. Oraifon de noftre dame entrelachee et retrogradee dont

chacun mot contre mot est de rime leonine et se peult lire a lenuers et a lendroit.

42. Cy ensuit le Reuers de ladite oraison en plain stille. (huitain.)

 Sumptueuse tout deffensable.

43. Oraison a nostre dame dont chacune lettre qui se finit par chacun mot se recommence par lautre mot ensuiuant. (huitain.)

 Fleur edolent uierge saine.

44. Cy ensuit ladite oraison en plain stille. (huitain.)

 Fleur redolent tu vierge es saine.

45. Inuectiua in fortunam.

 O fortuna viris jnuida fortibus
 Oncque en toy ne voy ris mais venin fortybeus.

88 vers alternatiuement françois & latins.

46. Il y a à paris telle chose (2 str. de 6 vers, & une de 4.)

47. Causa bibendi. (3 vers.)

 Si bene appendi sunt cause quinque bibendi.

48. De quadrifario jngressu in sanctam de ecclesiam. (4 vers.)

 Quatuor ecclesias portis jntratur ad omnes.

49. Comes sancti pauli decolatus fuit parisius. (10 stroph. de 9 vers.)

 Mirez vous cy perturbateurs de paix.

50. Le testament du gentil cossoys. (Jean de Cos.) (14 str. de 8 vers, suivis de l'épitaphe de 3 str. de 8 vers, & d'une autre de 4 vers.)

 Puisque mon gais et tout mon pontement.

BELLES-LETTRES.

51. Epitaphe de Simon marmyon paintre. (6 ſtr. de 8 vers.)

    Je ſuys ſimon marmyon vif et mort.

52 Epitaphe de venerable ſgr de bonne memoire Okgam treſorier de tours compoſe par maiſtre jehan moulinet. (12 vers)

    Nymphes des boys deeſſes des fontaines.

53. Plainte ſur le trépas de lourdault chantre nomme proprement maiſtre Jehan braconier. (19 ſtr. de 10 vers.)

    Ung ſoir tout tard a lheure que laſſe homme.

54. (Epitaphe de bon guillot ſurnommé billon chantre & orfevre.) (22 vers.)

    La mort qui mort dung dur et apre mors.

55. Epitaphe de venerable perſonne Simon des montz. (12 vers.)

    Paſſans paſſez au dur paſſage.

56. Epitaphe de maiſtre Jehan trotier. (20 vers.)

    Dame atropos meuldriere des humains.

57. (Epitaphe de Pierre le Roy. en 8 vers.)

    La mort ci deuant volut meſtre.

58. Les nouuelles complaintes de tous eſtas en forme de viſion touchant la mort de tres jlluſtre tres renomme & tres ſinguliet prelat monſgr georges damboiſe en ſon viuant legat en france et archeueſque de rouen. (21 ſtr. de 10 vers.)

    Giſant en uers deſſoubz grans atbres vers.

59. P. F. A. de immaturo reuerendiſſimi domini legati obitu hexaſticon.

    Hic defuncte jaces deflet quem tota georgi.

F

60. Ejusdem de eodem tetrasticon.

  Illustris galla nituit qui splendor jn orbe.

61. De eodem. (4 vers.)

  Pastor eram cleri populi pater aurea sese.

62. Espitre de fauste andrelin de forly roial poete lauret en laquelle anne tres glorieuse royne de france exorte le tres puissant et tres victorieux roy des francoys loys xiie de ce nom son mary à ce que luy tant actendu et desire voeille auancer son retour en france apprez la triumphante victoire par luy optenue sur les venetiens conquis. Ladicte epistre translatee de latin en francoys par maistre guillaume cretin, tresorier du bois de vincennes. (occupe 6 feuillets & demi.)

  La femme amee escriptz piteux enuoie.

63. Ballade. (3 str. de 11 vers, envoi de 5.) refrain,

  Qui mal vouldront au royaume de france.

64. Des quattre complexions. (6 str. de 10 vers.)

  Si vous voulez scauoir quelz estes faitz.

65. Ballade du folatique. (3 str. de 8 vers, envoi de 4.) refrain,

  Tous estes folz je le vous dis.

66. Remede pour la gouste. (4 str. de 7 vers.)

  Se veulz auoir sains et deliures

  Tes piedz gouteux desquelz tu marches.

67. Le triumphe des normans compose par guillaume tasserie traictant de la immaculee conception nostre dame.

  Guillaume, Duc de Normandie.

  Reueillez vous cheualliers vertueux.

Piece considérable qui occupe 29 feuillets. Les personnages sont :

BELLES-LETTRES.

Guillaume, Duc de Normandie, quatre chevaliers, Sargius Arrien-Hérétique, Salomon, Mahomet, Sathan, Figure l'ancienne, Authorité, Raison, fille de Roy, Exemple, le commun peuple de la baſſe Normandie, l'Arreſt.

On lit à la fin:

Fin dudit miſtere et chantent les chantres de ladite chapelle du duc.

Cette piece a été repréſentée en 1499. Du Verdier la dit imprimée à Rouen, ſans date; elle eſt très rare.

On trouve à la fin de ce MS. une Copie de Lettres de Jean Sire de Graville, Chevalier, Conſeiller & Chambelan du Roi, Seigneur de Marcouſſis, du Bois, de Malesherbes, de la Brizette & de Montagu, par leſquelles il rétablit & confirme une rente de cinquante ſous tournois pour la Dîme du Moulin de Bideros, & une autre de ſoixante ſous tournois pour un *obit* ; leſquelles rentes avoient été accordées au mois de Septembre 1278 à l'Abbé & Religieux du Couvent de Notre Dame de Montebourg, par Jean Mallet, Seigneur de Graville, Chevalier, fils de Jean Mallet, fils de feu Jean Mallet, Chevalier.

Ces lettres de confirmation ſont datées du 4 Septembre 1457, & la copie collationnée ſur l'original, du 28 Décembre 1561.

2927 Les Balades de la Confrerie de Noſtre Dame du Puy en Amiens.

Quoique le titre annonce des Balades, il n'y a dans le Volume que des Chants Royaux, au nombre de 22, dont les Auteurs ſont: Adrian de Henencourt, Jehan de St. Telie, Jehan Obri, Pierre du Mas, Anthoine de Cocquerel, Symon de Conty, Fremin Pinguerel, Robert de Cambrin, Vincent le Cat, l'Eſleut du Gard, Jehan Bertin Grenetier,

Jehan Dardre, Eſtienne le Vaſſeur, l'eſleut Caron, Robert de Fontaines, Jehan le Preuoſt, Jehan de Bery, Seigneur Deſſerteaux, Martin Martin, Pierre Villain, Sire Arnoul Jacqueyn, Jehan de Flandres, Monſeigneur de Piſſy.

2938 Le Recueil de la Chronique Françoiſe.

Cretin, en entreprenant de mettre en vers l'Hiſtoire de France, ſe propoſoit de la conduire juſqu'au regne de François I. & la renfermer en douze livres ou volumes. Il ne nous a laiſſé que les cinq que nous avons annoncés. Le premier diviſé en 16 chapitres, finit par la mort de Childebert I. Le ſecond, en 34 chapitres, renferme le Regne de Clotaire I. Le troiſieme, en 33 chapitres, commence au Regne de Clotaire II, & ſe termine à la mort de Pepin. Le quatrieme, en 34 chapitres, eſt conſacré entièrement à l'hiſtoire de Charlemagne; & enfin le cinquieme, conſiſtant en 25 chapitres, finit à la troiſieme race.

En tête de chaque chapitre des deux premiers volumes, il y a un ſommaire en quatre vers, & au commencement de chaque chapitre des trois derniers volumes, un ſommaire en 5 vers.

François I. après la mort de Cretin, qu'on dit être arrivée en 1525, choiſit René Macé, Benedictin de Vendôme, pour lui ſuccéder en la charge d'Hiſtoriographe. Ce fut Jean de la Cheſnay, Secrétaire du Roi, comme Macé nous l'apprend lui-même, qui lui en apporta la nouvelle, & lui donna ordre en même temps de reprendre l'hiſtoire de France, où Cretin en étoit reſté. Nous ne connoiſſons de René Macé que le ſixieme & ſeptieme volume de cette Chronique. Il eſt aſſez probable qu'il n'en a pas laiſſé davantage. Les Auteurs de la Bibliotheque hiſtorique de la France, tom. II, pag. 47, N°. 15699, ſe trompent en indiquant un MS. de Colbert, renfermant une Chronique de

BELLES-LETTRES. 45

Cretin, depuis le Roi Pepin jusqu'au Roi Jean. Ce MS. qu'ils auroient pu examiner, contient un Roman historique en vers, du douzieme ou treizieme siecle, intitulé : *le Roman de Loheran Guarin.*

Dom Jean-François a fait la même faute en copiant cet article dans sa Bibliotheque des Ecrivains de S. Benoît, tom. 2, où l'on trouve deux articles sur notre Auteur, l'un à la page 139, sous le nom de Macé, & l'autre à la page 464, sous celui de René.

Cretin a copié bien des Fables dans sa Chronique, & paroît souvent fort crédule. Il rapporte assez singulièrement à la fin de son troisieme livre deux miracles de S. Gengoul.

  Durant le temps de ce victorieux
  Roi (*Pepin*) triumphant le sainct et glorieux
  Amy de dieu florissoit en bourgongne
  Comme vng Autheur de credit le tesmongne
  Ce fut le bon preudhomme de renom
  Selon son dict qui Gengoul auoit nom
  Femme espousa dont se trouua malayse
  Car sur elle eut suspicion mauuayse
  Voyant dardeur son desir alterer
  Doubtoit le corps par vice adulterer
  Or comme vng iour ioignnant quelque fontaine
  Fussent assis elle fiere et haultaine
  Pour ce que luy qui son honneur aymoit
  Moult asprement de ce caz la blasmoit,
  Pleyne de faulse et vayne ypocrisye
  Pour le gecter de cette fantasye
  Fort sexcusa par grandz sermentz et veux.
  Adonq luy dit Amye se tu veulx
  Que adiouxte foy a ton dire transporte
  Ton braz en leau et ceste pierre apporte
  Que voy au fondz allors seray content

De ton excuse elle qui bien se actend
Par ce moyen demourer franche et quicte
La myct son braz mais la chair toute cuytte
En retira dont delle departit
Et la moictie de ses biens luy partit
En hermitaige alla vser sa vie
Et eut pensee a dieu toute rauye
Mais tost apres ceste villaine affin
De se venger feyt son corps mettre a fin
Par le paillard qui en la continue
De fole amour lauoit entretenue
A son trespaz grand peuple et merueilleux
Pour son renom et faictz miraculeux
Sur le tumbeau alla faire priere
Et offrir veux parquoy la chambriere
De ceste femme ayde de tel honneur
Et sainctete luy dit que a son seigneur
On portoit veux au tour des tabernacles
Ou reposoit et quil faisoit miracles
Ladmonnestant que pour sa garison
Au lieu allast faire son oraison
Cest bien resue va dire la meschante
Miracles faict aultant que mon cul chante
A ce beau mot commenca les sonnetz
Du vent de nort qui guieres ne sont nectz
Tousiours depuis en la sexte ferye
Qui fut le iour que mourut par furye
A chacun mot que sa bouche disoit
Son trou puant autant de petz faisoit
Ce fut vng caz de fort aygre sentence
Et mest aduis quoyque femme sente en ce
Cela deuoir distraire de mocquer
Les bons mariz que dieu veult colloquer

BELLES-LETTRES.

La fus au ciel et la fole nen fuyure
Qui fon malheur voulut ainfi pourfuyure
Car oncque puis que le miracle oüyt
Et s'en mocqua fon brodier ne clouyt
Tous vendredis fonna les chanfonnettes
Qui au notter ne portent chantz honneftes

Plufieurs Auteurs avant Cretin ont fait mention de ces deux miracles. On les trouve dans quelques éditions de la Légende de Jacques de Voragine, qui ont été augmentées de la vie de Saint Gengoul. Ces éditions font fort rares ; il ne s'en trouve que deux parmi les dix-huit, tant latines que françoifes & italiennes, qui font annoncées dans ce Catalogue, depuis le N°. 4694, jufqu'au N°. 4712. L'édition de 1481, N°. 4701, rapporte ainfi le fecond miracle au fol. CCCLII recto :

Uxor autem Gangolfi, cum audiret quod maritus ejus ægros fanaret, refpondit : fic facit virtutes Gangolfus ficut Anus meus. ftatim à parte illa turpis fonus prodiit, talique deinceps fubjacuit opprobrio ut omni vita fua eodem die fcilicet fexta feria, quod verba protulit, tot turpes fonos ab illa parte emifit.

La vie de S. Gengoul eft beaucoup plus confidérable dans l'édition de Jean de Weftphalie, 1485, N°. 4702. On y lit le miracle précédent au fol. lxxii recto, en ces termes.

Maxima impartitur cunctis gaudia fanitatis : at illa (*uxor*) furiali amentia debachata ait : fic operatur virtutes Gangulfus, quomodo Anus meus. ftatim ut hæc vox nefanda a gutture illius exiit, a parte abftrufa corporis obfcenus fonus prodiit, illum diem quo hæc acta funt, mox chriftianus feriam fextam vocitare confuevit, talique poftea fubjacuit opprobrio, ut per omne vitæ fuæ tempus quod eo die protulit verba, quafi tot prodierunt probra ab illa parte corporis, cui viri dei miracula æquiparare non eſt verita.

Martinus Polonus mentionne le même fait ſous le Pontificat de Paul I. dans le MS. de ce Catalogue, N°. 4564.

Sed cum uxor ejus miraculis derogando diceret, ſi Gengulphus miracula facit, Anus meus canet, quod dixit mox completur, quia ſemper cum loquebatur Anus cantabat.

Ce paſſage eſt traduit de cette maniere dans la Chronique Martinienne, fol. verſo lxxxxi. col. 2. N°. 4566.

Et pour ce que ſa femme denyoit touſiours les myracles de ſainct Gengonhoh diſant : ſe Gengonhoh fait myracle, mon cul chante, des lors en avant touſiours comme elle parloit le cul luy chantoit et le ſamedy ne ceſſoit : car elle en tel jour avoit proferé celle folle parole.

Le Moine Rolewinck de Laer, dans ſon *Faſciculus Temporum*, fait auſſi mémoire de ce Miracle ſous l'année 754.

Fuit Itaque ſeparatus ab uxore ſua adultera cujus Anus cantavit eo quod derideret miracula ejus.

On le trouve encore dans des exemplaires du Roman MS. du Renard contrefait, dont il eſt parlé dans le *Menagianna*. tom. I, pag. 30, édit. de 1715.

3016 Chants Royaux.....

Il y a à la tête de ce Recueil qui eſt l'original, une longue Epître de Nicolas Coquinvillier, adreſſée à Anne de Graville, dans laquelle cet Evêque lui dit que pour s'acquiter de la promeſſe qu'il lui avoit faite, il lui envoie « les exqui-
« ſes louanges et heroicques faictz des orateurs, palinodes
« nommez, examinez pour la preſente annee en la noble
« cite de Rouen, par les princes du puy et ſenat de la nor-
mande

BELLES-LETTRES.

« mande nation finguliere zelatrice de la benigne mere du
« createur fur le faict de l'immunité de la fienne incontá-
« minée et immaculée Conception. Patquoy vouloir me
« veint, *dit-il enfuite*, fommer dexecuter enuers ta feigneu-
« rie mon oblige dont toft apres fe delibera la myenne foible
« main, en ce prefent codicille reduire en forme les chantz
« royaulx, louanges et cantiques, ballades & rondeaux, plus
« digerez que le myen jugement difcerner le pouoit, et prin-
« cipalement ceulx qui a la paleftre des poetes & orateurs,
« apres auoir tant bataille, mery auoient comme vainqueurs
« la palme et chappeau de laurier et aultres dons de prix,
« felon la diuerfite de leurs œuures haultains....

Comme deux Chants Royaux qui fe trouvent dans ce
Recueil, furent couronnés en l'année 1524, il y a lieu de
croire que Coquinvillier envoya fon préfent dans le cou-
rant du mois de Décembre de la même année. Il choifit
parmi toutes les pieces qui concoururent, 12 Chants Royaux,
12 Rondeaux & 12 Ballades.

Il feroit difficile de découvrir le Siege Epifcopal de cet
Evêque. De La Monnoye fur du Verdier croit que ce pourroit être Venofa, Ville Epifcopale du Royaume de Naples.
Du Verdier a mal lu le nom de Coquinvillier, qui eft abrégé
ainfi dans notre MS. *Coqnvillier*. Son Epitaphe chez les
Auguftins de Rouen, porte: *Dominus magifter Nicolaus
de Coquinovillari, epifcopus Verienfis, qui obiit an.* 1537.
6 januarii. Cette Epitaphe nous donne la maniere de lire le
nom de Coquinvillier, ainfi que celui de fon Evêché
Verienfe au lieu de *Verieufe*.

G

BELLES-LETTRES.

Refrains des Chants Royaux, Rondeaux & Ballades contenus dans ce MS.

Chants Royaux.

1. Le sainct desert plain de manne angelique.

Il est de Nicole Lescarre, & a été couronné en 1524. Du Verdier l'a rapporté. Il est imprimé dans le Recueil annoncé sous le N° 2883 de ce Catalogue.

2. Le riche don damoureuse mercy.

Il est de Nicole Osmont.

3. Fille de adam sans vice de son pere.

4. L'arbre de vie en lisle fortunee.

5. Fleurs de lys dor par singularite.

6. De limmonde chair ung corps tout pur et munde.

7. La table ronde en honneur triumphante.

8. La noble court rendante a tous justice.

Couronné en 1524. Il est de Pierre Avril, & imprimé dans le recueil N°. 2883.

9. Le grant decret dauctorite diuine.

Il est de Nicole Osmont.

10. De la grant loy marie est exemptee.

Il est de Guillaume Thibault, & imprimé dans le Recueil, N° 2883.

11. Jour cler et beau chassant la nuyt obscure.

12. Le sac remply des escriptures sainctes.

BELLES-LETTRES. 51

Rondeaux.

1. *Du bien damour* du feu de charite.
    De Gilles Desveaulx.
2. *Au filz parfaict* je suis mere parfaicte.
    De Gilles Thibault, & impr. dans le Recueil, N° 2883.
3. *Fors vous* sans sy femme nest sans reprise.
    De Jacques le Lieur.
4. *Fors vous* ne se peult vanter vne femme.
5. *En fleur et fruict* en racyne et verdure.
    De Jehan Alyne.
6. *Tout pour le myeulx* et traicter bons accordz.
7. *Par ton concept* vierge mere et pucelle.
8. *Je fuz et suis* et le seray.
9. *En mon sainct corps* qui en beaute prospere.
10. *Fors vous* que dieu feist tant belle former.
11. *Par trahison* cauteleuse et latente.
12. *Le vray amant* sus tous aultres exquis.

Ballades.

1. La saincte huylle et basme de grace.
2. Funde qui rend au roy victoire.
    De Nicole Lescarre, imprimé dans le Recueil, N°.1883.
3. Au doulx haure dhumain salut
4. Vraye pronostication.
5. Tant ayma lhonneur de sa mere.
6. Le nombre dor de lan de grace.

G 2

7. Royne des cielz mere de grace.

8. Au trebuchet de bonne foy.

9. En lymage de nostre dame.

10. De pareille ne fut onc vue

11. La loy receut exception.

12. Laneau de paix et de salut.

3017 Ballades, Chants Royaux & autres poésies.

Les pieces contenues dans ce MS. sont de différents Auteurs. En voici le détail.

I°. Quatre strophes de 12 vers chacune, commençant par ces vers,

1. Femme estant grosse enquit iadis trois dieux.

2. Trois compaignons beuuoient en vne table.

3. Vous qui menez vie infame et immunde.

4. Ma couronne est de serpentz toute plaine.

II°. Vingt-six Chants-Royaux qui ont été présentés par différents Auteurs, aux Puys de la Conception de Notre-Dame de Rouen, & de l'Assomption de Notre-Dame de Dieppe; en voici les refrains, avec les noms des Auteurs que nous avons pu découvrir.

1. Cœur joyeux est le paragon damours.

2. L'art musical le grand plaisir du monde.

3. Fille de roy es lyons approuuee.

Il a été présenté au Puy de Rouen en 1523.

4. La forte palme en triomphe exaltee

5. Doulceur dung fort et dung mort vive mouche.

6. Juste astrolabe ou la spere est comprise.

BELLES-LETTRES.

7. Le iour luyſant dedens la nuict profunde.

A été fait pour Dieppe.

8. La flœur du thym preparee a la mouche.

9. Femme parfaite en nature imparfaicte.

Couronné à Rouen en 1512.

10. Dung poure ver triumphante verdure.

Il eſt de Jacq. Lelieur, & a été couronné à Rouen en 1522. On le trouve dans le Recueil N°. 2883.

11. Sans leſion a paſſe par les picques.

Par Nicole Aubert, couronné à Rouen en 1520, & imprimé dans le Recueil, N°. 2883.

12. Pourpre excellent pour veſtir le grand roy.

Il eſt de Pierre Crignon, & a été couronné en 1519 à Rouen.

13. Pure en concept oultre loy de nature.

14. Sur marbre froid vne image en chair viue.

15. Matiere propre a la divine forme.

16. Nature en grace et grace oultre nature.

17. Au temps nouueau vne femme nouuelle.

18. La verite ſur tous eſt la plus forte

19. Siege de reyne à la dextre du roy.

A été fait pour Dieppe.

20. Moult diſtillant les riches biens de glore.

A été fait pour Dieppe.

21. La terre aux cieulx et cieulx ioinctz a la terre.

22. Sacree en chair dedans le cueur du pere.

23. La reyne en corps ſur tout fut exaltee.

24. La pomme dor a la plus belle dame.
25. Femme expulsant les tenebres du monde.
26 La chair le monde et leffort sathanique.

   III°. Dix Ballades, dont les refrains sont :

1. Louer marie a bon droict et raison.

   A été faite pour Rouen.

2. Au parmy des mors viue.
3. Dieu le peust le feist et voulut.

   Par Gilles Desvaulx, couronnée à Rouen en 1516.

4. Pomme sans ver et pourriture.

   Par Nicole Lescarre, couronnée à Rouen en 1517.

5. La bouche adnoncant verite.
6. Par dessus tous les cieulx passee.
7. La dame a laigneau sans macule.
8. Le bien de grace & de salut.
9. Le sacre pain des sainctz cieulx descendu.
10. Il souffre mort pour rendre aux mortz la vie.

   IV°. Dix Rondeaux.

1. *Au mieulx faisants* selon les quattre accords.
2. *Pure entre impurs* et entre infectz entiere.
3. *En chant royal* pour la vierge tant belle.
4. *Aupres du roy* qui les meffaictz pardonne.
5. *De mieulx en mieulx* mon estat haulse et monte.
6. *Poures humains* chantez proses et vers.
7. *Mon seul plaisir* et ma chere partie.
8. Rondeau à double couronne commençant :

   Pour mon filz qui me feist je suis regente. gente.

BELLES-LETTRES.

9. *Je mercy dieu* mon loyal amoureux.
10. *Sesbahit on* sy en concept prospere.

V°. Cinq dixains.

1. Comme mosech au desert esleua.
2. Sur le sacrifice d'Helie.

   Le feu du ciel par Helie obtenu.

3. Sur la figure de mort de Saul, annoncée a David.

   Le bon Dauid marry que Saul Roy.

4. Dixain.

   De chair et sang satisfaictz a ta debte.

5. Des romains aux francois.

   Jadis romains sur table fleurs semoient.

VI°. Deux *Pater* paraphrasés en françois.

1. Pater noster vray amateur.

   16 Stroph. de 14 vers.

2. Prestres sacrez comme premiers nommez.

   7 Stroph. de 12 vers, suivie d'une priere en 4 vers.

VII°. L'*Ave Maria* paraphrasé en vers françois.

   A vous et a nous tant salut.

16 Stroph. de 14 vers.

3078 140 Rondeaux. in 12.

Ces Rondeaux contiennent des protestations & plaintes amoureuses. La plupart sont imprimés dans le Recueil de 350 Rondeaux, annoncé au N°. 2983. Nous avertirons en passant que le Recueil de Rondeaux, annoncé au N° 3077, se trouve dans le Recueil des 350, depuis le fol. verso lxx. jusqu'au dernier feuillet coté cxii. & que le Recueil intitulé: *la fleur et triumphe de cent & cinq rondeaulx*, N°. 3102, est le même que celui du N° 3077, sous un autre titre.

3179 La Fontaine périlleuse. (Par Jacques Gohorry.)

Effacez de ce titre le nom de Jacques Gohorry, qui n'est pas Auteur de cette piece de vers ; mais qui a joint un Commentaire à l'édition suivante. L'Auteur de cette piece est inconnu : nous la croyons du commencement du XVI siecle.

3196 La Fontaine des devis amoureux.

Ce Volume renferme le même ouvrage que celui qui est annoncé aux Nos 2779, 2780 & 2781, sous des titres différents. L'Auteur se nommoit Jean de la Fontaine.

3218 Poésies d'Anne d'Urfé.

Ce MS. est entièrement écrit de la main d'Anne d'Urfé, qui est Auteur de toutes les pieces qu'il renferme.

Les vers sur le tombeau de Carite consistent:

1. En sept stances de quatre vers.
2. En seize sonnets.
3. En dix strophes de 6 vers, adressées au Lecteur par Anne d'Urfé, dans lesquelles il lui apprend que cette Carite étoit une femme qu'on lui avoit destinée en mariage à l'âge de 15 ans, & qu'elle fut donnée à un autre malgré elle, tandis qu'il commandoit une armée en Lorraine. Il ne cessa de l'aimer jusqu'à l'âge de 27 ans, qu'il embrassa l'état Ecclésiastique, & continua de la chérir jusqu'à sa mort, qu'il pleura pendant l'espace de quinze jours.

La généalogie des Urfés remonte à l'an 750, & finit à Jacques I, mort en 1574.

Les Sonnets chrétiens sont au nombre de douze.

BELLES-LETTRES.

3247 La Guirlande de Julie.

Le hasard nous a procuré une notice de la Guirlande de Julie, faite sur la fin du siecle dernier, par M. de Gaignieres, qui en a été un des possesseurs. Nous la publions avec empressement, parcequ'elle est fort intéressante, & qu'on la lira encore avec plaisir; même après toutes les notices qu'on a données de ce superbe MS.

La Guirlande de Julie.

Le dessein de cet ouvrage est un des plus ingénieux & des plus galants qu'on pût imaginer en ce genre, & l'on peut dire que l'exécution n'a été en rien inférieure au projet.

Il a pour Auteur feu M. le Duc de Montausier, qui l'envoya le jour de la fête de Julie d'Angennes de Rambouillet, à cette charmante personne, dont il devint enfin l'époux après en avoir été long-temps l'amant.

Comme cette fête arrivoit dans un temps où la terre ne produit pas assez de fleurs au gré des amants, celui-ci suppléa à la stérilité de la saison, par la Guirlande, représentée au premier feuillet.

Elle est composée de 29 fleurs différentes, qu'un zéphyr éleve doucement en l'air, & qu'il répand ensuite séparément sur la terre, afin qu'on puisse toutes les reconnoître, & que ceux qui les doivent faire parler, se déterminent plus aisément dans le choix qu'ils veulent faire.

Sans vouloir enrichir le passé aux dépens du présent, il faut avouer qu'il seroit difficile aujourd'hui d'assembler un aussi grand nombre de beaux Esprits & de Poëtes célebres qu'il s'en trouva alors, pour aider à M. de Montausier à immortaliser le nom de Julie.

La table qui contient les noms de tous les grands hommes, ne présente que les illustres fondateurs de l'Académie Françoise, qui s'élevoit à l'hôtel de Rambouillet, en attendant qu'elle reçût & la forme & la gloire entiere du Cardinal de Richelieu.

Mais quand on n'auroit pas appris par-là qui sont ceux qui aiderent à M. de Montausier à célébrer la gloire de Mademoiselle de Rambouillet, il seroit toujours facile de juger par tant de poésies diverses & ingénieuses (1) que des esprits d'un ordre supérieur y ont eu part.

Il seroit inutile, après ce qu'on vient de dire, de donner la liste de leurs noms, puisqu'il y en a une table. Il suffira de remarquer qu'il y a dans ce volume plus d'un Madrigal de la façon de M. de Montausier, & qu'on y trouve aussi quelques noms omis & désignés seulement par une lettre capitale, & que celui de M. le Marquis de Racan (2) n'y est que de cette maniere. Il seroit difficile d'en dire la raison.

---

(1) Ces Poésies ou Madrigaux ont été imprimés à Paris en 1729, à la suite de la vie de M. le Duc de Montausier, rédigée par Nicolas Petit, Jésuite, qu'on a confondu avec d'autres Auteurs du même nom, dont les Ouvrages sont annoncés dans la France Littéraire, tom. I. pag. 361, tom. II. pag. 92, & supplément I: part. p. 167.

La Guirlande de Julie, annoncée avec la date de 1641. in 4. dans le Catalogue des livres de M. le Président Crozat de Tugny. Paris, 1751, pag. 119, num. 1316, n'étoit pas imprimée, mais manuscrite; c'est ce qui n'a pas été observé par le redacteur de ce Catalogue.

Ce MS. paroît avoir été l'esquisse fait par Jarry lui-même, de celui qu'il écrivit sur vélin in fol. pour être offert à Mademoiselle de Rambouillet. Il est sur papier in 4. à longues lignes, très bien écrit, & contient 53 feuillets.

(2.) Le nom de M. le Marquis de Racan est désigné par ces lettres. M. le M. de R. & celui de M. Conrart, qui fut pour ainsi dire le pere de l'Académie Françoise, par celles-ci : M. C.

Le nom de M. de Montausier est caché sous ces lettres : M. le M. de M. c'est-à-dire M. le Marquis de Montausier. La Baronnie de Montausier ne fut érigée en Marquisat qu'en 1644. trois ans après que la

Chapelain, fameux par l'attente de sa Pucelle, qui lui avoit fait par avance un nom qu'elle n'a pu soutenir quand elle a été au grand jour, fut un de ceux qui brilla le plus en cette occasion.

La Fleur Impériale dont il fit choix, donna lieu à une allégorie fort spirituelle, sur laquelle roule toute la finesse de son Madrigal : en voici l'explication en deux mots.

Le grand Gustave étoit alors au plus haut période de sa gloire, & il en jouissoit sans rivaux, puisque personne ne pouvoit lui disputer celle d'être le plus fameux conquérant qu'eût produit son siecle. Mademoiselle de Rambouillet, juge très capable du vrai mérite, ne parloit ordinairement de ce Prince qu'avec éloge; elle avoit même son portrait dans sa chambre, & disoit toujours qu'elle ne vouloit point d'autre amant que ce Héros.

Cela donna lieu à Chapelain de choisir pour sujet de son Madrigal, la fleur qu'on nomme Impériale, qu'il supposa être Gustave, ainsi métamorphosé, qui vient lui rendre hommage, & lui offrir de la couronner. Voiture, à qui cette fiction avoit sans doute paru très noble, y fait allusion dans la lettre qu'il écrivit à Mademoiselle de Rambouillet, au nom du Roi de Suede, & qui commence : *voici le Lion du Nord*, &c.

On a cru devoir cette explication en particulier à ceux qui verront ce livre, sans entrer dans le détail du reste, qui s'entend facilement, & l'on se contentera d'ajouter ici, que

---

Guirlande de Julie fut présentée à Mademoiselle de Rambouillet; mais on n'ignore pas qu'il est très commun, que les gens de qualité prennent dans le monde le titre de *Marquis*, avant que la terre de leur nom soit érigée en *Marquisat*. Le frere aîné de M. le Duc de Montausier, qui mourut en 1633, avoit aussi porté le titre de *Marquis de Montausier*.

Jarry, le plus fameux maître d'écriture de son temps, a dessiné lui-même les fleurs de ce livre (3) & écrit de sa main & les Madrigaux & la table des Auteurs.

Afin que rien ne manquât à embellir cet ouvrage, il fut relié par le Gascon, qui n'avoit point d'égal en son art, & enrichi par le dehors des chiffres de Julie, (4) afin que l'on sût d'abord à qui il étoit.

Tant que Madame de Montausier a vécu, elle a conservé précieusement ce gage de la politesse & de l'amour de son Mari pour elle. Etant morte, M. de Montausier en devint le dépositaire, & le montroit avec plaisir à ses amis. De ses mains, il passa en celles de Madame la Duchesse d'Uzez sa fille, qui savoit trop ce qu'il valoit pour ne le pas garder avec soin ; aussi ce ne fut qu'après sa mort que ce livre fut vendu par ses héritiers, comme une piece qui ne méritoit pas leur attention. Un particulier qui se trouva heureusement avec une espece de goût, l'acheta 15 Louis d'or, valant alors 200 livres, & l'ayant depuis revendu à M. Moreau, premier Valet-de-chambre de Monseigneur le Duc de Bourgogne ; il a eu l'honnêteté de m'en faire présent, & de me le faire prendre, croyant avec raison enrichir par-là mon cabinet.

3255 Poésies d'Etienne Pavillon.

Ce Recueil renferme quarante-quatre pieces, parmi lesquelles il y en a trois qu'on ne trouve pas dans les œuvres de Pavillon, imprimées en 1750 en 2 vol.

La premiere est une lettre en prose, adressée à une Dame qui vouloit devenir dévote ; elle commence ainsi : à ce que j'apprends, Madame, vous voulez devenir devote....

---

(3) C'est une erreur, le fameux Robert est le Peintre de ces fleurs.
(4) Ce chiffre est composé d'un J & d'un L.

BELLES-LETTRES. 61

La seconde intitulée : Morale galante à Iris sur les sept péchés mortels, commmence par ce vers :

Vous dont les passions sont si bien maitrisées.

Elle n'est pas complete.

La troisieme est intitulée : imitation de la scene d'Amarillis O. Mirtillo, Mirtillo.

Que nostre sort est rigoureux.

3271 Poésies contre les Alchymistes, &c.

Lisez Manuscrit sur papier du XVI siecle. Il vient de la Bibliotheque de Claude d'Urfé, & renferme les pieces suivantes :

1. Comment Nature se complainct et dict sa douleur et son plainct a vng sot souffleur sophistique qui ne vse que dart Mechanicque. (environ 1010 vers.)

> Helas que je suis malheureuse
> Et sur toutes plus doloreuse
> Quand je voy que toy gendre humain
> Dieu forma de sa propre main.

2. Réponse. (environ 660 vers.)

> Ma tres doulce mere nature
> La plus parfaicte creature
> Que dieu crea apres les anges
> Je vous rend honneur et louanges.

3. Ensuit par ordre le nombre des Roys Crestiens et leurs trois dames portant chacun sa clause.

Cette piece est aussi dans le MS. N° 2926^1. suppl.

4. Rondeau qui est à la suite de la piece précédente dans le même MS. N° 2926^2.

62 BELLES-LETTRES.

5. Jcy commence vng miftere la ou france fe reprefente en forme d'un perfonnaige.....
Voy. le MS. N° 2926^5. fuppl.

6. Le credo nouuellement compofe. (dans le Manufcrit, N° 2926^{13}. fuppl.)

7. Chant royal. (MS. N° 2926^{16}. fuppl.)

8. Quatrain. (N° 2926^{17}.)

9. Rondeau. (même N° 2926^{18}.)

10. Ballade. (N° 2926^{19}.)

11. 8 Stances de 8 vers chacune fur la mort.) (N° 2926^{20}.)

12. Ballade de Maiftre Villon. (N° 2926^{21}.)

13. Ballade. (3 ftroph. de 9 vers, envoi de 4) (2926^{22}.)

14. Ballade (2926^{23}.)

15. Enfuit vng beau petit traicte des quatre nouiffimes faict et compofe par venerable et religieufe perfonne frere bigot feleftin natif de Rouen. (2926^{25}.)

16. Moulinet a Cretin. (N° 2926^{35}.)

17. Oraifon de noftre dame.... (2926^{43} & ^{44}.)

18. (2 ftrophes de 6 vers chacune. N° 2926^{46}.)

19. Des quatre complexions. (N° 2926^{64}.)

3283 La fuite des euures poetiques de Vatel.

L'examen des pieces contenues dans ce volume nous apprend que c'eft non à François de Neufville, Duc de Villeroy, qu'elles font dédiées; mais à Nicolas de Neufville IIIe du nom, mort en 1617. Il n'eft fait nulle mention du Poete Vatel, ni dans la Croix du Maine, ni dans du Verdier. Il a adreffé plufieurs de fes pieces à Charles IX. & à Nicolas de Villeroy.

BELLES-LETTRES.

Ce MS. est l'original & fort beau; la couverture en est décorée des armes de Villeroy.

3361 La destruction de Jérusalem....

Ce n'est point un mystere. Cet ouvrage est en prose, & semblable à celui qui est annoncé au N° 4813.

3452 4. Gregoire. Par le P. Duedeau.

C'est la piece du Pere du Cerceau, que l'on connoît aussi sous le titre des Incommodités de la Grandeur.

3483 Le Roy détroné.

Ce Roi est Jacques II. Roi d'Angleterre. L'Auteur de la piece est J. Millault, Prêtre, qui dit l'avoir composée en deux mois. Elle est dédiée à François Armand de Bretagne, &c. qui la fit jouer en 1703, dans la salle du château de Clisson; elle n'a jamais été imprimée.

3508 Histoire de l'Académie Royale de Musique.

On voit par la Préface que cette histoire de l'Opéra est de Messieurs Parfaits qui y font mention de leur histoire du Théâtre François. Cet ouvrage est très curieux, & n'a jamais été imprimé. Il renferme l'origine & l'établissement de l'Opéra en France, depuis 1645 jusqu'en 1741, avec une idée des ouvrages, composés pour ce théâtre, la vie des Acteurs & des Danseurs qui ont rempli les principaux rôles, une liste des Auteurs & des Musiciens, des anecdotes, &c. Ce MS. paroît être autographe.

3531 Fête de Chantilly.

Cette Fête fut donnée par M. le Prince de Condé à M. le Dauphin, le 22 Août 1688, & dura huit jours; elle fut très magnifique. De Lulli le jeune en fit les airs, & Pécourt les danses. L'Opéra d'Oronthée, dont les paroles sont de Le

Clerc, & la musique de Lorenzani, fut composé pour cette fête, & joué le 23 Août.

L'Auteur entre dans de grands détails, & fait connoître les beautés du Château & des Jardins de Chantilli. On trouve cette même description dans un volume séparé du Mercure Galant, faisant la seconde partie du mois de Septembre 1688. M. le Grand donne aussi une idée de cette fête dans le tome III. p. 339 de son histoire de la vie privée des François.

3550 & 3551 Dialogo della bella creanza delle Donne.

Il faut placer ces deux articles aux dialogues. C'est par erreur qu'ils se trouvent dans la poésie.

3574 I libri di Cicho Asculano.

Le quatrieme & cinquieme feuillets sont MSS. mais très bien écrits.

3584 Triumphi del Petrarcha.

Imparfait de deux feuillets au commencement. Cette édition est in fol.

3601 Triomphi di Petrarcha.

Cette édition outre les triomphes, contient les sonnets & les canzoni. C'est la même édition que celle de 1490, N° 3585. On n'a réimprimé uniquement que les sept premiers feuillets, & le dernier pour y changer la date.

3639 Cyriffo Calvaneo.

Manque deux feuillets de la signature Q.

3660 Arcadia del Sannazaro.

Nous croyons cette édition plus moderne que 1486. Il est assez probable qu'elle est des premieres années du XVI siecle.

3687

BELLES-LETTRES.

3687 Orlandino.

Une réclame qu'on trouve au dernier feuillet de cette édition prouve que l'édition de 1527 du *Chaos del tri per uno*, sortie des mêmes presses, doit se trouver à la suite de l'Orlandino. La réclame est conçue en ces termes : *segue il chaos del medesimo authore*.

3752 Poesie satiriche del Sig. Dotti.

Ce MS. contient 27 pieces qui se trouvent dans l'édition des poésies de Dotti, donnée à Paris par M. Conti, en 2 vol. in 12. sous l'indication de *Ginevra, presso i fratelli Cramer*, 1757.

3766 Comédie du sacrifice, & N°. **3767** les abusez.

Ce sont les mêmes ouvrages sous deux titres différents.

3864 à **3868** contenant plusieurs livres séparés du roman du géant Gargantua & de son fils Pantagruel.

Les ouvrages annoncés sous les N°s 3864, 3865, & le premier du N° 3868, renferment le premier livre du Roman.

Ceux des N°s 3866, 3867, & le second de 3868, renferment le second livre.

Le N° 3869 contient aussi le même ouvrage que 3863. Cet Ouvrage est peu considérable. Nous ne pensons pas qu'il soit de Rabelais.

3963 Les amours de Daphnis & Chloé.

Il arrive souvent que des personnes de mauvaise foi enlevent le titre des éditions de 1731 & de 1745, & laissent subsister le frontispice gravé, qu'il y a à la tête du Volume, & qui porte la date de l'année 1718, dans le dessein de faire passer l'une ou l'autre pour l'originale. C'est pour empêcher dorénavant pareille fraude, que nous donnerons ici la descrip-

I

tion de l'édition de 1718, connue sous le nom de l'édition de M. le Régent.

On trouve à la tête sept feuillets qui contiennent, 1°. le frontispice gravé, 2°. le titre, 3°. avertissement sur cette édition, 4°. une préface.

Vient ensuite le corps de l'ouvrage, qui commence à la page 1, & finit à la page 164. Il est orné de 28 figures qui sont placées aux pages 3, 5, 13, 19, 20, 23, 28, 31, 35, 37, 53, 56, 58, 64, 66, 74, 77, 83, 87, 95, 97, 133, 136, 146, 150, 152, 160, 162. La figure connue sous le nom des quatre pieds, qu'on ajoute à cet ouvrage, doit se trouver à la fin du volume. Dans notre exemplaire elle est supérieurement bien dessinée à la plume par Simonneau, d'après la contre épreuve de celle qui fut gravée à l'eau forte, par M. le Comte de Caylus, en 1728.

Les notes MSS. sont d'Antoine Lancelot, & se trouvent imprimées à la fin de l'édition de 1745.

3983 L'arbre des batailles.

Il y a trois feuillets manuscrits dans cet exemplaire imprimé sur vélin.

4052 Histoire de Theseus de Coulogne.

Les fol. vi. & xii du tom. I. & le fol. cxxiii du tome II. sont manuscrits.

4083 & 4084 Prouesses d'Hercules....

Ces éditions d'un même livre contiennent la fin du premier livre, & tout le second livre du Recueil des Histoires Troiennes, par Raoul le Fevre, & renferment l'histoire entiere d'Hercules.

4113 Le Romant de Jean de Paris....

Ce livre est déplacé ; il faut le mettre après le N° 2114, & ôter (trad. en françois par Pierre de la Sippade.)

BELLES-LETTRES.

4263 Libro di Florio ....

Le premier feuillet manque.

4212 Titi Petronii Arbitri satyricon.

Nous avons été assez heureux en lisant les savantes & nombreuses notes manuscrites qui enrichissent cet exemplaire, d'en découvrir l'Auteur, qui est Urbain Chevreau. Ce Savant y cite à la page 168, ses remarques sur les poésies de Malherbe, & à la page 184, son histoire du monde dans le passage suivant, sur le portrait d'Helene : *voyez Darès de Phrygie, Cedren, Constantin Manassès, & mon HISTOIRE UNIVERSELLE, où il est marqué qu'elle avoit le cou long & d'une blancheur à éblouir, ce qui a fait dire qu'elle avoit été engendrée d'un Cygne.*

Cet exemplaire est l'autographe; c'est ce que nous avons vérifié dans la Bibliotheque de M. Beaucousin, Avocat, qui possede un exemplaire du Chevræana, annoté de la main de Chevreau.

4220 Le Salmigondis ou le manege du genre humain.

C'est une très jolie édition de l'ouvrage de François Béroalde, sieur de Verville, qui a été imprimé aussi sous le titre de Coupecu de la Mélancolie, ou Vénus en belle humeur.

4313 Recueil des plus illustres proverbes.

Ce livre est fort singulier & rempli de figures grotesques; il n'y a de discours que celui qui est gravé sur chacune.

Le premier livre consiste en 57 figures numérotées de suite, suivies de 32 autres du même Lagniet, qui sont collées sur papier.

68 BELLES-LETTRES.

Le second livre contient 73 figures numérotées de suite, & 42 qui ne le sont pas.

Le troisieme livre renferme 30 fig. numérotées de suite, & la vie de Tiel Wlespiegle, en 35 pieces, suivies de 28 autres figures très singulieres.

4345 Felix Malleolus vulgò Hemmerlin.

Il y manque la signature *a* du texte, c'est-à-dire les 8 premiers feuillets.

4592 Pauli Orosii historiæ....

Ce n'est pas Léonard Achates, Imprimeur de Venise, qui est l'Artiste de cette édition, mais Léonard de Bâle, Imprimeur de Vicence. Il y a lieu de croire que ce dernier imprima cette édition d'Orose en société avec Herman Levilapis, & que chacun d'eux fit tirer en son nom les exemplaires qui lui appartenoient.

4802 Flavii Josephi de bello Judaico libri.

On lit à la fin des antiquités hébraïques:

Impressum Veneciis per Ioannem uercelensem Anno salutis. M. cccc. lxxxvi die. xxiii. octubris.

4834 Diodorus Siculus. *Bononiæ*, 1472.

Les caracteres de cette édition sont exactement semblables à ceux avec lesquels *Ugo de Rugeriis* a imprimé en 1474 *Valerius Flaccus*, annoncé sous le N° 2519.

4844 Les faictz & gestes d'Alexandre le Grant.

Nous revenons sur ce MS. pour faire remarquer le riche

HISTOIRE. 69

Diamant (1) dont est enrichi le Bonnet de Charles le Hardi, Duc de Bourgogne, figuré dans la premiere miniature.

Ce Prince perdit ce célebre Diamant, avec tous ses trésors, dans la malheureuse bataille de Grantson, donnée le 3 Mars 1475 (vieux style) contre les Suisses, qui défirent son armée entiere, & pillerent son camp. Telle étoit alors la simplicité de cette nation, dit M. Beguillet dans sa description de la France. in fol. pag. 133, & pag. 244, tome I. de l'édition in 12. que sa vaisselle d'argent fut vendue comme vaisselle d'étain, & que son Diamant, aujourd'hui le plus bel ornement de la Couronne, estimé plus de 180000 livres, fut donné pour un Florin, & revendu pour un écu par un Curé.

« Ce Diamant, continue le même Auteur, d'une figure
« oblongue, taillé en facettes, forme une double rose; il passa
« entre les mains d'Antoine Roi de Portugal, de qui M. de
« Sancy le tenoit. Voici une anecdote singuliere au sujet de
« ce Diamant. Le Baron de Sancy l'avoit confié à un domes-
« tique, afin de le mettre en gage chez les Suisses, pour
« une somme d'argent dont Henri III avoit un besoin pres-
« sant. Sancy lui recommanda sur-tout de prendre garde aux
« voleurs. Ils m'arracheroient la vie, dit ce fidele serviteur,
« qu'ils ne m'ôteroient point ce Diamant. Ce qu'avoit craint
« Sancy arriva. Le Domestique dans son voyage apperçoit
« une troupe de Brigands qui l'attendoient au passage; aussi-
« tôt il avale le Diamant, & continue sa route. C'étoit dans
« la forêt de Dôle. Il est arrêté, fouillé, égorgé. Sancy ne
« voyant pas revenir son valet, se doute de la vérité du fait;

---

(1) Charles le Hardi possédoit les plus belles pierres précieuses de son siecle. Louis de Berquen, natif de Bruges, le premier inventeur de l'art de tailler & de polir le Diamant à la meule, tailla les premiers pour ce Prince, vers l'an 1475.

« il ordonne les plus exactes perquisitions, découvre le lieu
« de sa sépulture, le fait exhumer, ensuite ouvrir en sa pré-
« sence, & il retrouve son bijou. Il pleura sincèrement un
« Domestique si fidele ; & admira une générosité qui devoit
« toujours lui coûter la vie, à cause de la grosseur du Dia-
« mant, qui pese cinquante-cinq Karats (2).

On le trouve gravé dans l'Oryctologie de M. d'Argenville. in 4. p. 157.

On peut voir dans la même miniature du MS. dont il est question, les autres richesses de Charles le Hardi, étalées sur un buffet. On y remarque entre autres deux petites coupes d'argent, qu'il perdit dans la même bataille de Grantson, & que Lambecius a fait graver, ainsi que son collier & son chapeau, qui tomberent également entre les mains des

---

(2) L'Auteur du Voyage historique & littéraire de la Suisse, parle ainsi de ce Diamant : « Les Historiens Suisses ont dit que ce Diamant
« ayant été vendu à un Bernois du nom de May, homme très considéré
« en ce temps, ce dernier le vendit à des Marchands Génois, qui le re-
« vendirent au Duc de Milan, d'où il passa sur la Tiare du Pape
« Jules II. L'éditeur des Mémoires de Commines, & d'autres, veulent
« que ce Diamant soit celui qui porte le nom de Sancy, & se trouve
« parmi les Diamans de la Couronne de France. Nicolas de Harlay,
« Seigneur de Sancy, l'avoit acheté d'un certain Antoine, Prieur de
« Crato, & le vendit au Roi. Mais tous ces écrits sont contredits par
« Fugger, Historien de la maison de Habsbourg, Auteur très digne de
« foi, qui affirme que son grand-oncle Fugger, homme très riche,
« avoit acheté ce Diamant & plusieurs Rubis, avec d'autres dépouilles
« de Charles de Bourgogne, dont il paya 47000 florins....

Le même Auteur ajoute plus loin, « qu'il regne tant de variété dans
« les récits des Historiens, qu'on est tenté de croire qu'ils ont parlé de
« deux Diamans différents, tous deux de la même dépouille ». En effet, celui qu'on voit au milieu du collier que Lambecius a fait graver dans le tome II. page 516 de ses commentaires, est absolument d'une autre forme que celui qui est sur le bonnet du Duc Charles le Hardi, repré-senté dans notre miniature.

HISTOIRE.

Suisses, dans ses Commentaires sur la Bibliotheque Impériale. in fol. tome II. page 516 & 518. Ce Savant Bibliographe a fait exécuter ces figures d'après les dessins d'un superbe MS. de cette Bibliotheque, contenant l'Histoire d'Habsbourg & d'Autriche, composée en Allemand en 1545 (3) par Jean-Jacques Fugger, qui avoit été possesseur de ces richesses, dont il avoit hérité de Jacques Fugger son grand-oncle, mort en 1515, & qu'il vendit à Henri VIII, Roi d'Angleterre ; elles passerent des mains de ce Monarque dans celles de Philippe II, fils de Charles Quint, lorsque ce Prince épousa la Princesse Marie, fille de Henri VIII. On trouve dans le livre de Buder, intitulé : *de Feudis officialium hereditariorum*, Jenæ, 1736. in 4. une figure en taille-douce, qui représente, comme dans notre miniature, mais dans d'autres situations, Charles le Hardi, assis sous un dais, recevant de Vasque de Lucene la traduction de la Cyropedie de Xenophon, que ce Portugais avoit faite par ses ordres en 1470, d'après la traduction latine qu'en avoit donnée dans le XV siecle Pogge de Florence. Buder a pris cette figure sur un superbe MS. de cette traduction, qui appartenoit autrefois à Philippe de Cleves, fils d'Adolphe, mort en 1528, & qui est conservé avec un grand nombre de MSS. de ce Seigneur, dans la Bibliotheque de l'Université de Jene.

4866 Diece libri della prima Deca di Tito Livio.

Dans les Additions nous avons donné ce volume par conjecture, à Bernard *Cenninus*, Imprimeur à Florence ; mais

---

(3) Kollarius a supprimé la notice qu'a donnée Lambecius de ce MS. ainsi que les figures, dans la nouvelle édition qu'il a publiée de ce Catalogue, parcequ'il les avoit insérées dans le tome I. pag. 826 à 842 de ses *Analecta monumentorum omnis ævi Vindobonensia*. imprimés en 1761.

aujourd'hui nous savons que c'est le premier volume de l'édition des Décades de Tite Live, imprimées en 1476 à Rome, près le palais de S. Marc, qui a été pendant quelque temps l'adresse d'Ulric Han. Argelati dans sa *Biblioteca degli volgarizzatori*, tom. II, pag. 311, a donné une description de ce volume, sans savoir de quelle édition il faisoit partie, & l'a cru imprimé par Lucas Bonaccorsi, l'Editeur. Le même volume a également tombé entre les mains du Revérend Pere Laire, qui a eu quelques soupçons qu'il appartenoit à l'édition de Han. Voy. son *Specimen historicum Typographiæ Romanæ*, page 231. à la note.

Voici la description des deux autres volumes de ce Tite Live :

On trouve en tête du second onze feuillets dont le premier contient un avis au lecteur, terminé par ces mots :

.... *correcte et impresse nella citta di Roma presso a Sancto Marco. Sotto gliani. del. N. S. Iesu Christo Mille Quattro cento Septantasei adi XX. del mese di Iulio. Sedente Xysto Quarto Pontifice Maximo nel Anno Quinto del suo Pontificato. Val'.*

Les dix autres feuillets renferment la table des chapitres. On lit à la fin du volume :

Decades Ambe cum sequenti Quarta in uno uolumine Impresse fuerunt in urbe Romana. Anno Christi Millesimo Quattuor cětesimo sexagesimo (pour *septuagesimo*) *sexto Sedente Xisto Quarto Pont. M.*

A la tête du troisieme tome il y a dix feuillets contenant la table des chapitres. Le texte est terminé par ces mots :

Regnante il Sanctissimo et Beatissimo padre Xysto Põtifice Maximo in nel Quinto anno del suo Felice Pontificato adi XXX di Maggio in nel anno dalla Incarnatione di Christo M. CCCC. Lxxvi. Fu Impressa la presente Deca

HISTOIRE.

in nella citta di Roma. app̃ſſo al Palatio di ſã Marco.
Suit un feuillet qui contient le regiſtre.

4892 Caii Salluſtii opera.

Cette édition eſt de Veniſe, 1480. On trouve cette date ſur le cinquieme feuillet avant la fin. Il y a trente-ſix lignes au lieu de trente-cinq ſur les pages qui ſont entieres.

4927 Caii Suetonii Tranquilli XII Cæſares . . . . .

Un exemplaire imprimé ſur vélin de cette édition des *Hiſtoriæ Auguſtæ Scriptores*, ſe trouve ſous le N°. 4937, qui s'eſt dérangé pendant l'impreſſion.

5022 Compendium Roberti Gaguini . . . .

Le premier feuillet du texte manque dans cet exemplaire.

5028 Les Annales de Nicole Gilles.

C'eſt l'ouvrage ſuivant qui a au commencement un feuillet ſéparé, ſur lequel on voit les armes de Charles Chabot.

5057 Les Chroniques de Monſtrelet.

Cette édition & la ſuivante, quoique toutes deux de Verard, & imprimées ſur 2 colonnes, ſont néanmoins différentes.

Les colonnes entieres de la premiere ont 47 lignes, & celles de la ſeconde n'en ont que 45. Celle-ci, dont le caractere eſt plus petit, differe encore de la premiere, par la ſouſcription, & l'adreſſe de Verard, qui dans le temps qu'il la débitoit, demeuroit au devant de la rue neuve de Notre Dame. L'autre indique ſa demeure au Petit Pont.

C'eſt une erreur de croire avec les Auteurs de la Bibliotheque Hiſtorique de la France, tome II. page 195,

N° 17295, que dans ces deux éditions la Chronique de Monstrelet est continuée jusqu'en 1498, par Pierre Desray, puisqu'elle y finit en 1467, par la mort de Philippe le Bon, Duc de Bourgogne.

5320 Chronica Hungarorum.

Cette édition n'est point la premiere. Maittaire, & d'après lui Zapf dans ses *Annales Typographiæ Augustanæ*, en citent une édition d'Ausbourg de 1482.

Celle de Brinn en Moravie, de l'an 1488, est très précieuse, parcequ'elle est une des premieres sorties des presses de cette Ville.

5334 Pompa introitus Ferdinandi Austriaci......

Cet unique exemplaire d'un ouvrage magnifique, dont toutes les figures sont dessinées par Rubens, est le même qui fut offert à Ferdinand, Infant d'Espagne, Gouverneur des Pays-Bas Les armes de ce Prince sont dorées sur un côté de la couverture, & celles de la ville d'Anvers sur l'autre.

Description du Volume.

On trouve en tête 8 feuillets contenant :

1. Le portrait de Gaspar Gevartius, gravé d'après Rubens, par Paul Pontius.

2. Un faux titre.

3. Un beau frontispice gravé par Jacq. Neefs, dans lequel est gravé le titre, qui porte l'adresse suivante : *Antverpiæ, veneunt exemplaria apud Theod. à Tulden, Qui Iconum Tabulas ex Archetypis Rubenianis delineauit et sculpsit.* Dans l'exemplaire suivant qui est sur papier, on a substitué à cette adresse celle-ci : *Antverpia apud Ioannem Meursium.*

HISTOIRE.

4. Une Dédicace de Gevartius à l'Infant Don Ferdinand, datée XVIII. Calend. Iulij Ann. CIƆ. IƆC. XLI.

5. Præfatio ad lectorem.

6. Tabulæ præliminaris siue frontispicii brevis explicatio.

7. Une superbe figure gravée par P. Pontius, représentant le Prince Ferdinand à cheval. Cette figure n'est pas dans l'exemplaire sur papier; mais on y trouve un autre portrait de ce Prince, représenté debout, & gravé par J. Neeffs. Le corps du volume commence à la page 1, & finit à la page 189; au verso du dernier feuillet, commence: *Descriptionis pompæ introitus Serenissimi Principis Ferdinandi Austriaci, Hispaniarum Infantis, &c. in urbem Antverpiam Synopsis*. On trouve ensuite 6 feuillets, contenant:

1. La suite de la description précédente.

2. Index rerum memorabilium.

3. Tabularum series. Les figures indiquées dans cette table sont au nombre de 29, y compris le frontispice. Le portrait de Gevartius, & une figure gravée par S. à Bolswert, & placée entre les pages 144 & 145, n'y sont pas nommés. On ne les trouve pas dans l'exemplaire sur papier.

4. Omissa quædam suis locis interserenda.

5. Deux Epigrammes latines adressées à Gevartius & au Lecteur, l'une composée par Nicolas Bourgoingne, & l'autre par Jacq. Eyckius.

6. L'approbation & le privilege daté du 9 Décembre 1638. On lit au dernier feuillet: *Antverpia excudebat Ioannes Meursius Typographus iuratus, anno salutis* CIƆ. IƆC. XLII. dans l'exemplaire sur papier on a ajouté un second I à la date. Il n'existe peut-être que l'exemplaire sur vélin, daté de l'an 1641.

HISTOIRE.

5445 Remarques historiques sur différentes Vénus.

Ces remarques sont de M. Dutillot de Dijon. Le MS. est autographe.

Les dessins contenus dans ce MS. sont :

1. La naissance de Vénus, telle qu'elle est représentée sur un beau marbre de la maison Matthei à Rome.
2. Vénus sortant du bain, statue antique.
3. Callipiga, la Vénus aux belles fesses.
4. Mars & Vénus, Agathe Orientale du cabinet de l'Auteur.
5. Sine Cerere & Baccho friget Venus, Agathe Orientale du cabinet de Madame.
6. Vénus & l'Amour, Agathe Orientale du cabinet de l'Auteur.
7. Vénus du cabinet du Grand Duc.
8. Vénus couchée sur un lit, du cabinet de l'Auteur. On y lit : *Jacob. Palme pinxit anno* 1572.
9. La statue d'une Vénus, trouvée dans les fondations de la maison de retraite des Jésuites, au fauxbourg S. Pierre (*à Dijon,*) en l'année 1736, & donnée à l'Auteur par le P. Oudin.
10. Prêtresse de Vénus, marbre antique à Rome.
11. Venus à Tritone vecta, in Calcedonio.
12. Concha Veneris, du cabinet de l'Auteur.

5446 Remarques historiques sur le Dieu Priape.

Elles sont aussi de M. Dutillot, & de la même écriture que les précédentes. Il y a lieu de croire que ce petit ouvrage est celui que M. l'Abbé Papillon, dans sa Bibliotheque de Bourgogne, annonce sous le titre de Dissertation sur le Dieu des Jardins. MS.

HISTOIRE. 77

Les deſſins de ce MS. repréſentent :

1. Un Dieu Priape, morceau d'antiquité, apporté de Rome en 1740.
2. Cornaline repréſentant Priapus, qui étoit autrefois dans le cabinet de Jacques Auguſte de Chevanes, à Dijon.
3. Priape, ſtatue de bronze antique, du cabinet de le Pois; autre du cabinet de l'Auteur.
4. Priape à la tête de Coq.
5. Autre Priape.
6. Lampe avec cette inſcription : *Phallum alatum.*
7. Priape, ſtatue de marbre antique au palais d'Alexandre de Grandis à Rome.
8. Sacrifice à Priape.

5624 Vita di M. Giannozo Manetti.

Cette vie de Giannoti Manetti, faite dans le XV ſiecle par un anonyme, & revue dans le XVIe par Alexandre Verazzus, paroît beaucoup plus fidele que celle de Naldo Naldi. Ces deux Biographes ne s'accordent pas ſur le jour & l'année de la naiſſance & de la mort de Manetti. Notre Auteur anonyme le fait naître le 5 Juin 1398, & mourir le 26 Octobre 1459 ; au lieu que ſa naiſſance dans Naldo Naldi eſt marquée au 5 Juin 1396, & ſa mort au 26 Novembre 1459.

M. Requier dans ſa vie de ce Sénateur de Florence, publiée in 12. en 1762, a ſuivi les dates de Naldi, & Giulio Negri dans ſon Iſtoria de gli ſcrittori Fiorentini, en a adopté d'autres. Il place ſa naiſſance au 23 Juin 1396; & fixe ſa mort au 27 Septembre 1459.

Le Catalogue des ouvrages de Manetti, qu'on trouve à la fin de notre MS. n'eſt pas plus ample que celui qui a été publié par Naldi & M. Requier. Il nous avoit paru plus

EXPLICATION

considérable, parceque nous n'avions pas fait attention qu'il étoit double; c'est-à-dire, écrit en italien & en latin.

Quelques personnes nous ayant témoigné le desir de connoître les MSS. de la Bibliotheque de M. le Duc de la Valliere, d'où sont tirées les treize figures coloriées qu'on vient de délivrer aux Souscripteurs d'un ouvrage annoncé il y a seize mois par un prospectus, sous le titre d'*Essai sur l'art de vérifier les miniatures peintes dans des MS*. Nous nous empressons de les indiquer ici, en donnant une courte description des superbes miniatures qui ont servi de modeles à ces treize copies, qui doivent être suivies de treize autres également choisies dans les différents MSS. de la même Bibliotheque.

N°. I.

Cette figure a été copiée sur la miniature qui se trouve au recto du dix-neuvieme feuillet du MS. annoncé sous le N° 283. Nous le répétons, c'est un des plus beaux & un des plus riches MSS. qui aient paru dans le XIV siecle.

Dans l'original cette miniature, ainsi que toutes celles qui l'enrichissent, sont entourées de bordures peintes en or & en couleurs, avec une délicatesse admirable.

Elle représente S. Jean, écrivant son Evangile, assis devant une table, dans un Oratoire ou Chapelle très élevée, dont l'Architecture qui est gothique paroît très hardie, & bâtie selon les principes qu'on avoit de cet art dans le quatorzieme siecle. L'Aigle, symbole de cet Evangéliste, est à ses côtés, trois Anges sont en dehors de la Chapelle, & le Pere Eternel tout rayonnant paroît dans le Ciel.

Le sujet de la miniature qui est dans la marge extérieure

est le type d'une autre miniature qui orne le feuillet précédent, & qui représente Enoch transporté par Dieu. On lit au bas de la figure symbolique ces mots écrits en lettres de forme.

CE que dieu rauit enoch en la nue senefie ihūcrist qui'maine les siens et rauit en la celestielle compaignie.

Tous les autres sujets de l'Ancien Testament, peints dans les marges extérieures des pages, sont toujours suivis comme celui-ci, de leurs Types ou Symboles.

N°. II.

On trouvera cette miniature au commencement du sixieme livre de la Chronique de Jean de Courcy, MS annoncé au N°. 4601. La peinture originale est très belle; & représente la prise de Jérusalem par Antiochus IV, huitieme Roi de Syrie. Ce Monarque ayant appris que Jason, qu'il avoit revêtu de la dignité de grand Pontife des Juifs, en l'ôtant injustement à Onias son frere, avoit voulu se saisir de Jérusalem, assiégea cette ville & la livra au pillage. Il y périt quatre-vingt mille hommes; quarante-mille furent faits prisonniers, & autant de vendus.

On voit dans cette miniature une partie d'une grande ville fortifiée de tours, & bâtie sur le modele des villes de France & des Pays-Bas, du XV siecle. Au milieu s'éleve le Temple de Jérusalem. Les Soldats d'Antiochus le pillent, & en emportent l'autel d'or, le chandelier, la table des pains de proposition, tous les vases sacrés & tout l'argent du trésor, qu'ils déposent aux pieds de ce Monarque, qu'on voit dans son camp, hors de la ville, à la tête de ses troupes.

Dans ce MS. la page est enrichie d'une superbe bordure dont on n'a copié qu'une partie.

EXPLICATION

N°. III.

Cette figure eſt tirée du beau MS. indiqué au N° 5602, contenant l'ouvrage de Boccace ſur les Illuſtres Malheureux; elle repréſente, ainſi que d'autres miniatures qui ſervent de bordure à la page, & dont quatre ſont ſupprimées dans la copie, la fin tragique de pluſieurs perſonnages fameux de l'Hiſtoire Romaine, dont il eſt fait mention dans le huitieme livre de l'ouvrage de Boccace.

Le premier ſujet eſt Marc-Jules-Antoine, fils du Triumvir, tué par ordre de l'Empereur Auguſte ſur quelques ſoupçons de conſpiration. Il expire aux pieds de la ſtatue de Jules Céſar, qu'il tenoit embraſſée, dans l'eſpoir qu'on reſpecteroit ce lieu conſacré.

Le ſecond eſt Ceſarion, qu'on aſſure que Jules Ceſar eut de Cléopâtre, tué par le commandement du même Empereur.

Le troiſieme, Julie, fille d'Auguſte, envoyée en exil dans l'iſle de Pendataire, à cauſe de ſes débauches.

Le quatrieme, Marcus Agrippa, troiſieme fils de Vipſanius Agrippa, relégué par Arrêt du Sénat de Rome dans l'iſle de Planaſe, pour ſes mauvaiſes qualités.

Le cinquieme, la mort de Caſſius Severus de Parme, Poëte, l'un des Conjurés qui maſſacrerent Jules Céſar.

Le ſixieme, Gallus, autre Meurtrier de Jules Céſar, allant en exil après avoir eu les yeux crevés. Il eſt aſſaſſiné dans un bois par des larrons.

Le ſeptieme, la mort d'Hérodes le Grand, ou l'Aſcalonite. Il y eſt repréſenté nu dans ſon lit, parcequ'au quinzieme ſiecle où cette miniature a été exécutée, l'uſage en France, juſqu'à la fin du ſeizieme ſiecle, étoit de coucher ſans chemiſe.

Le huitieme, l'exil d'Antipas & d'Archelaüs, fils d'Herodes; & le débat de Tibere, Caligula & Meſſaline.

N° IV.

DES FIGURES.

N°. IV.

Cette superbe miniature est peinte sur le recto du 105e feuillet du Bréviaire de Salisbury, exécuté par les ordres de Jean, Duc de Bedfort, Régent du royaume de France sous Charles VI. Voyez le N° 173. Nous ne craignons pas d'avancer qu'il existe peu ou point de MSS. aussi magnifiques soit par la quantité innombrable de miniatures & d'ornements dont il est enrichi, soit par la beauté & l'éclat des couleurs qu'on y a employées. En supposant qu'on pût imiter aujourd'hui l'ancienne maniere de peindre, un Artiste nous a assuré que l'exécution d'un pareil MS. coûteroit plus de soixante mille livres.

Ce Bréviaire est le travail de plusieurs peintres. Ceux qui ont été chargés des grandes miniatures excelloient dans leur art. Elles l'emportent sur les petites, & la plus belle de toutes, est celle dont on a donné une copie, dans laquelle on a supprimé la moitié de la bordure.

Cette miniature nous offre un excellent tableau de l'Adoration des Mages; on y voit la Vierge, ayant à ses côtés S. Joseph, assise dans une étable, sur des coussins & des tapis que le Peintre a faits riches contre la vraisemblance. Elle tient sur ses genoux l'Enfant Jésus, enveloppé de langes, se penchant vers un des Mages qui lui offre d'une main, dans une attitude d'adoration, une boîte remplie d'or, & ôte de l'autre main une couronne ouverte dont il est couronné. Les trois Rois Mages sont richement vêtus & couverts d'or & de pierreries. L'Artiste leur a donné, suivant la coutume, un âge différent. La tête du plus âgé est peinte avec une finesse & une expression admirable. L'un d'eux n'est point représenté sous la figure d'un Maure, parceque cet usage parmi les Peintres est moderne, & que d'ailleurs il n'est fondé sur rien.

On remarque dans la Créche le Bœuf & l'Ane, dont on attribue l'origine à ces mots d'Ifaie : *le Bœuf a reconnu fon Maître, & l'Ane la crêche de fon Seigneur* ; ou à ceux-ci du Prophete Habacuc : *vous ferez reconnu au milieu de deux animaux.*

On voit dans le fond du tableau la marche des Rois Mages précédés de toute leur maifon. Un rouleau flottant fur leurs têtes, renferme ces mots : *Alons en Iherufalem veoyr le Roy.* Le Prophete Ifaie placé dans un coin du tableau en tient un autre, fur lequel on lit : *omnes fitientes venite ad aquas.*

Les armes qui font dans la bordure au bas de la page, font celles du Duc de Bedfort, parties de celles de Jaqueline de Luxembourg, fa feconde femme ; elles font pendues au cou d'un Aigle d'argent, becqué d'or, avec ailes éployées, & ayant fur la poitrine une couronne ducale d'or. Il s'élance de deffus un tronc d'arbre auffi d'or.

N°. V.

Cette copie à-peu près de la même grandeur & de la même beauté dans l'original, que celle que nous venons de décrire, eft tirée du même Bréviaire & fe trouve au commencement de l'Office de Sainte Anne. Cette Sainte y eft repréfentée dans l'intérieur d'une Chapelle, à côté de la Vierge-Marie fa fille, qui tient dans fes bras l'Enfant Jéfus. A la droite eft Sainte Marie-Salomé avec St. Jacques le Majeur & St. Jean l'Evangélifte, qu'elle eut de Zébédée, & à la gauche, Sainte Marie-Jacobé ou Cléophas, femme d'Alphée, accompagnée de fes quatre enfants : St. Jacques le Mineur, St. Simon, St. Jude, dit Thadé, & Jofes. Le peintre a repréfenté dans ce tableau ces deux Maries comme filles de Sainte Anne, & fœurs de la Vierge, quoique quelques auteurs aient assuré qu'elles n'étoient que sœurs de Sainte Anne.

La copie ne donne que la moitié du cadre qui borde la page, & dans lequel il y a quatre miniatures & des armes simples du Duc de Bedfort, qui pendent au bec d'un Aigle, avec cette devise: *assouuy*.

On remarque dans les deux miniatures que nous venons de décrire plus de dessin qu'on n'en voit ordinairement dans les monuments du XV siecle; les draperies y sont bien jettées & les têtes y sont pleines d'expression. L'habile Artiste a employé les couleurs les plus belles & les plus brillantes; il n'a épargné ni l'or ni l'outre-mer.

N°. VI.

Cette miniature très intéressante, supérieurement exécutée dans le MS. & représentant Charles VI dans son palais de St. Paul, est décrite à la page 204 & 205 tome III. du Catalogue.

Salmon, dont il est parlé dans cet endroit, est encore Auteur d'un ouvrage qui porte le titre de *ses seul parlers*, & qui renferme plusieurs moralités.

N°. VII.

Le sujet de cette miniature est la présentation faite à Charles I. Comte de Nevers, fils aîné de Philippe II. mort en 1464. du roman de Gerard de Nevers, traduit de rime en prose, par un anonyme qui dit dans sa dédicace *avoir été tout le temps de sa vie, dès le commencement de la plus florie jeunesse de Charles, son très humble & obeyssant serviteur.*

Ce Prince, vêtu d'une robe bleue, bordée de fourrure, ayant un bonnet de velours noir sur la tête, & un collier d'or au cou, est assis sous un dais, dans l'intérieur d'un de ses appartements, & reçoit un volume doré sur tranche, couvert de velours cramoisi, & enrichi de clous d'or, que le traducteur, avec un genou en terre, lui présente de ses deux mains. L'habillement de ce dernier est une longue robe qui pend jusqu'à terre; il porte un chaperon noir, placé sur son épaule. Quatre Officiers du Prince sont présents à cette Cérémonie, il y en a deux qui ont des habits très courts. Derriere le traducteur on apperçoit un Seigneur & une Dame, assis sur un banc, à côté l'un de l'autre. La coëffure de la Dame est remarquable; c'est un bonnet en forme de cône, tel que les femmes les portoient en France vers le milieu du XV siecle.

Le MS. orné de cette miniature se trouve sous le N°. 4107 du Catalogue. M. de Gaignieres en a fait faire aussi une très belle copie. On la trouve dans le porte-feuille VI. N°. 68 de son recueil de Dessins, qui est à la Bibliotheque du Roi.

N°. VIII.

Le beau MS. de l'ingénieux Roman de *Cœur d'Amour*, composé par René d'Anjou, Roi de Sicile, & placé sous le N°. 2811 du Catalogue, renferme au soixante-seizieme feuillet la miniature dont on a fait exécuter une copie.

Cette miniature représente la voûte du portail de l'Eglise de l'Hôpital d'Amour, contre laquelle étoient cloués les blasons des illustres Amoureux anciens & modernes. Trois personnages dont l'un est nommé dans le Roman *Largesse*, le second le *Cœur*, & le troisieme *Desir*, passent en revue tous ces blasons, & contemplent dans cette miniature celui de Pâris. Le heaume de *Cœur d'Amour*, cimé d'une couronne de fleurs, & d'un cœur dans un vol, est à terre derriere lui. On voit dans le fond, au travers de la voûte, le

DES FIGURES. 85

Cimetiere de l'Hôpital d'Amour, & les tombes de différents Auteurs dont nous avons rapporté les noms dans le Catalogue.

René décrit ainsi dans le MS. le blason de Pâris.

Icy parle lacteur & dit que :

Un bien petit plus bas et plus a la main droite estoit vng escu bel et dancienne facon, si non en tant que les figures de dedans estoient moult merueilleuses et estranges a veoir, car ledit escu estoit dazur a trois crappaux rampans dor fin, subz lequel estoient les vers escriptz pareilz comme ycy apres sensuiuent.

Telz mots et pareilz estoient escripz soulz les armes de Paris disans ainsi :

> Paris est mon droit nom, le bel et gracieux
> Le tres noble pastour doulx et melodieux
> Et filz au roy priant, puissant et vertueux
> Celui qui des deesses, le don de vertu eux
> Moy p̃ntant la poine, voire dessus tous ceulx
> Qui deseruir amour estoient enuieulx
> Disant que de beaute ne mapprouchoit nul deulx
> Digne fu dauoir dame, & en armes moult preux
> Mais lappetit damer me fut tant sauoreux
> Que venir me conuint, pensif et langoreux
> Mettre cy mon blazon, excuser ne men peux
> Par Helaine la belle, dont fu trop amoureux.

Il y a deux fautes typographiques dans les noms des amoureux anciens à la page 274 du Catalogue ; au lieu de lire Enée, Trajan, il faut lire Enée, Troyen, & Demophontes ou Demophoon, au lieu de Deophontes.

EXPLICATION

Nº. IX. X. XI. XII. & XIII.

C'eft le MS. de la Forterefle de la Foi, traduite du latin en françois, par Richart, dit l'Oifelet, & annoncée au Nº. 815, qui eft enrichi de ces cinq grandes miniatures. Elles font très bien exécutées dans notre MS. & offrent toutes les cinq une Tour ou Forterefle Exagone, au milieu de laquelle s'éleve un Dôme. Cette Tour eft garnie de douze tourelles où font placés un Pape, des Cardinaux, des Evêques, des Abbés, des Moines & des Laïques, qui chantent chacun un article du Symbole des Apôtres, dont quelques mots font peints en or fur les tourelles ; mais qu'on n'a pas eu foin de faire peindre dans les copies.

Cette tour eft fermée par un pont-levis, & percée de plufieurs fenêtres. Il y en a une au-deffus de la porte, dans laquelle paroît tantôt un Empereur, & tantôt une Religieufe, tenants dans leurs mains un livre ouvert. Six autres fenêtres font garnies de différentes Religieufes.

Cette Forterefle eft environnée d'un Pape, d'un Cardinal, d'un Evêque, & de Moines, qui en défendent l'approche, & la foutiennent de toutes leurs forces contre les efforts réunis des ennemis, qui tâchent de l'ébranler. Ces ennemis font particulièrement les fept péchés capitaux que l'artifte a peints fous la figure d'un homme & de fix femmes, portant les attributs de leur état. L'Orgueil eft un homme décoré de riches vêtements ; l'Avarice fe fait connoître par un coffre fort & un fac rempli d'or, dont elle eft chargée ; la Luxure eft richement vêtue & fe mire dans un miroir ; la Gourmandife eft une femme replete, s'enivrant de boiffons ; l'Envie a un air trifte & abattu ; la Colere paroît dans un accès de fureur, & la Pareffe fe reconnoît à fon extérieur indolent.

La Tour de la premiere miniature de notre MS. numérotée 1; dans la copie, est assiégée par tous les ennemis de l'Eglise, qui entreprennent de la miner & la renverser de fond en comble; ils y emploient la bêche, la pioche & le canon.

On voit au bas de la page dans la belle bordure peinte en or & en couleurs, qui décore le feuillet, les armes de Louis de Bruges, Seigneur de la Gruthuse, Prince de Steenhuse, & Comte de Winceftre, Chevalier de la Toison d'or, pour lequel ce MS. a été exécuté. Il portoit d'or à la croix de sable, écartelé de gueules au sautoir d'argent, timbré d'or, à la tête de Capricorne de sable, accornée d'or, & ailée d'un vol d'argent.

La seconde miniature numérotée X. représente la Tour attaquée par les Hérétiques, contre laquelle ils lancent des pierres, & tirent des fleches.

La Tour dans la troisieme miniature Nº 11. est exposée aux attaques des Juifs, qu'on y a représentés avec de longues barbes, armés de piques, & enchaînés; ils ont les yeux bandés, pour marquer l'aveuglement dans lequel ils persistent.

Les Sarrasins ou Mahométans forment l'attaque de la quatrieme Tour, avec des pierres, piques & sabres. La copie est cotée Nº 9.

Enfin la cinquieme & derniere miniature qui est la douzieme des copies, représente cette même Tour sur laquelle viennent fondre une troupe de démons, la lance ou le sabre dans leurs griffes. Ils sont mis en fuite par les Anges qui volent aux secours de ceux renfermés dans la forteresse. Il nous semble que le Peintre auroit pu dans un sujet aussi dévot, représenter les Diables dans des attitudes plus décentes.

Warton, dans son *Appendix ad Cavei historiam litterar. Scriptor. Ecclef.* p. 177—179, & Wolfius dans sa *Bibliotheca hebræa*. Tome II. p. 1115. font très bien connoître cet ouvrage d'Alphonse de Spina, par les extraits qu'ils en donnent. M. Sinner dans le Catalogue des MSS. de Berne, Tome I. pag. 68-79, rapporte des longs paſſages des quatrieme & cinquieme livres de la traduction françoiſe qui n'a jamais été imprimée. On connoît de l'original deux éditions très anciennes, ſans date, nom d'Imprimeur ni de ville. La deſcription que nous avons donnée de l'une, doit aiſément la faire diſtinguer de l'autre.

F I N.

ERRATA

ERRATA.

Tome I.

Page 8, ligne 8. lisez au lieu que dans presque toutes les éditions depuis le XVI siecle. 19, l. 3. ôtez que je n'ai vu annoncée nulle part. 61, l. 4. ôtez sanctus. 95, l. 28. ôtez & intérieures. 214, l. 7. *circà* 1480. 241, l. 24. in 4. 285, l. 11. Bien-allant. 285, l. 16. Acontii. 285, l. 27. par *Gab. Cartier*, & ôtez ce nom de la table. 308, l. 5. reperta. 309, l. 19. Tantoſt. 310, l. 6. in 4. 310, l. 20. 1578. 318, l. 22. Ketenenſe. 329, l. 21. imperatori. 329, l. 21. in 4. 343, l. 7. Metlinger. 357, l. 20. Moylin alias. 365, l. 10. exerciter. 367, l. 11. in 8. 374, l. 5. in fol. 392, l. 7. 1738. 400, l. 6. par Philippe le Noir. 403, l. 16. ben. 403, l. 17. chiamato. 408, l. 24. l'an 1550. 409, l. 14. Griestetteri. 411, l. 5. Tholentinatis. 428, l. 8. Carthuſienſi. 496, l. 21. X, 503, l. 29. *apponēſis libro*. 517, l. 1. enodantur. 526, l. 8. theorica. 526, l. 21. aptatum exponitur. 535, l. 2. Catarum. 539, l. 17. 1547. 599, l. 11. Jean Trepperel, liſ. pour Anthoine Verard, 1506.

Tome II.

Page 3, ligne 16. ajoutez 1515. 6, l. 17. au lieu de *Pariſiis* (*Genevæ*.) 7. l. 18. liſ, 58. 13, l. 2. *Petri*. 14, l. 23. table des mots latins. 22, l. 3, ſupprimez goth. 23, l. 12, ôtez qui eſt imprimée au verſo 36, l. 11. in 4. 60, l. 23. Erythrtreæ. 75, l. 30. Papini. 82, l. 5. Tetraſtique. 90, l. 5. uiuendi. 93, l. 12. liſ. 1498. 105, l. 16. in 4. 107, l. 26. pet. in fol. 110, l. 3. in 4. 112, l. 6. ôtez Auſonius Paulo S. 112, l. 3. ajoutez après liber I. — Monoſticha. 114, l. 6. ab Aldo Manutio & Andrea. liſ. à Franceſco. 121, l. 11. la ſeconde. 125, l. 26. in 8. 126, l. 23, votitium. 143, l. 8. de Dalebourg. 147, l. 25. opus Merlini. 158, l. 22. peintes. 201, l. 24. de clergie. 256, l. 6. ôtez & auſſi ſous celui du réſolu en mariage. 264, l. 16. liſ. 1391. 342, l. 11. à port. 343, l. 9. Coſmopolitique. 344, l. 25. procès. 369, l. 26. l'élection. 484, l. 2. ôtez & Giov. Batt. Ottonajo. 484, l. 11. il canto de i giudei. liſ. le canzoni. 485, l. 6. trombetto. 490, l. 3. Martino Paulo Nidobeato.

M

ERRATA.

493, l. 13. dicti. 494, l. 17. *Ravani Berſano.* 504, l. 30. cotations. 511, l. 13. ôtez premiere édition 516, l. 16. Gorgonzola. 522, l. 1. *Gorgonzola.* 527, l. 27. *chriſto.* 541, l. 4 & ſuiv. rapreſentatione. 562, l. 25. paradoxes. 563, l. 24. langage. 591, l. 7. in 4. 607, l. 10. par celui de *Sire Loys.* 609, l. 5. ôtez premiere édition. 640, l. 7. différente dans ceux-ci. 647, l. 1. fainte. 669, l. 1. Otheio. 745, l. 2. in 4. 750, l. 14. Borſo. 752, l. 15. liſ. 37.

Tome III.

Page 30, lig. 14. liſ. *Michelet.* 35, l. 4. Caſtellanorum. 36. l. 3. à la Reine, liſ. à *Madame la Régente.* 50, l. 9. in 4. 50, l. 18. in 4. 88, l. 17, liſ. 30. 92, l. 7. cette Reine, liſ. cette Princeſſe. 92, l. 16. la Reine *Louiſe*, liſ. la Princeſſe *Louiſe.* 95, l. 19. 1541. 131, l. 27. circa 1470. 135, l. 22. in 4. 158, l. 15. ejuſdem, liſ. Pomponii Læti. 159, l. 27. chemnicenſis. 167, l. 8. Ravennas. 183, l. 11. Boſſozel. 205, l. 12. verd. 266, l. 17. FOUCAULT. 384, l. 17. liſ. 1375.

Table.

Pag. 225, après lig. 27, liſez *Paulus* MARSUS. 278, après lig. 23, liſez C. PLINIUS ſecundus junior.

Lu & approuvé. A Paris, ce 3 Octobre 1783.

FOURNIER,

Adjoint.

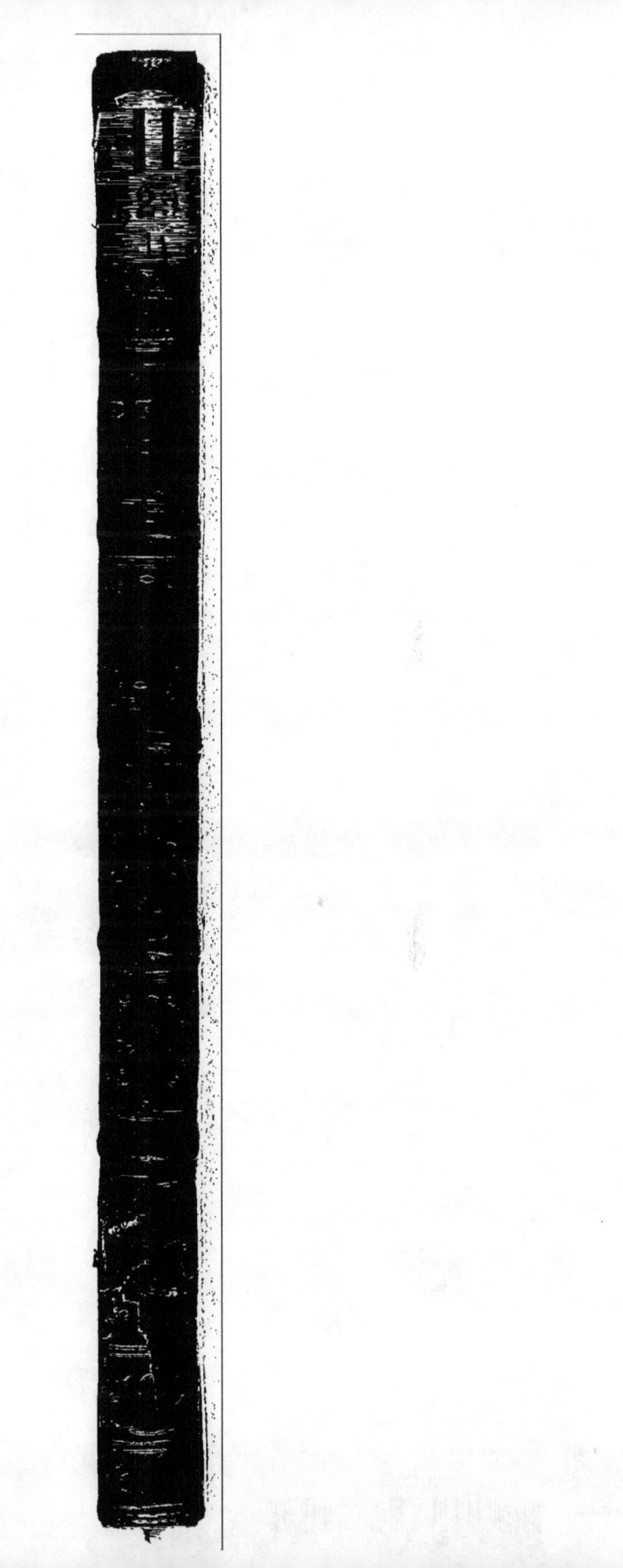

www.ingramcontent.com/pod-product-compliance
Lightning Source LLC
Chambersburg PA
CBHW070533100426
42743CB00010B/2062